CAMINO

VERDAD

VIDA

El discipulado:
el sendero en
la Gracia

David A. Busic

cnp

Casa Nazarena de Publicaciones

Copyright © 2021

The Foundry Publishing

PO Box 419527

Kansas City, MO 64141 (EUA)

Publicado originalmente en inglés bajo el título

Way Truth Life
Por David A. Buisc
Publicado por The Foundry Publishing

Esta edición publicada por acuerdo
The Foundry Publishing
Todos los derechos reservados

ISBN 978-1-56344-928-4

Diseño de portada: Matt Johnson

Diseño de interior: Sharon Page

Traducción: Angel Sigui

Equipo editorial: Ánderson Godoy
                 Patricia Picavea

Todas las citas bíblicas, a menos que se indique, fueron tomadas de la versión RVR 1960

Las direcciones de Internet en este libro eran precisas en el momento de la publicación, pero es posible que no estén disponibles en todos los idiomas. Estos enlaces se proporcionan como un recurso y el editor no los respalda ni es responsable por su contenido o permanencia.

En memoria de Robert E. Busic, un padre que me enseñó que el discipulado es un sendero cubierto de gracia y que la semejanza a Cristo es nuestro destino

❖

Enséñame, oh Jehová, tu camino; caminaré yo en tu verdad; Afirma mi corazón para que tema tu nombre.

- Salmos 86.11

ÍNDICE

RECONOCIMIENTO

El reconocimiento puede abarcar desde aquellos que hicieron que algo fuera posible hasta una deuda de gratitud que no se puede reembolsar; así que tengo a bien hacerlo aquí.

Cuando fui electo para servir como superintendente general de la Iglesia del Nazareno, sabía que mis colegas de la Junta de Superintendentes Generales tendrían un impacto en mi vida, pero el nivel de influencia que han tenido sobre mí ha sido inestimable. Aunque casi siempre existen diferencias de opinión en nuestra infinidad de conversaciones sobre el liderazgo, las cosas que se mantienen inmutables son el compromiso de realizar lo mejor para la iglesia de una manera fiel y en oración; aún cuando el precio sea alto. Tengo la confianza plena y absoluta en la fortaleza de su carácter y en la pureza de sus corazones. Gracias a Filimao Chambo, Gustavo Crocker, Eugenio Duarte, David Graves, Jerry Porter, Carla Sunberg y J. K. Warrick. Su influencia me ha inspirado a escribir este libro como un servicio a la iglesia para ayudarnos a cumplir nuestra misión de "hacer discípulos semejantes a Cristo en las naciones".

Gracias Scott Rainey, director global de ministerios de discipulado de la Iglesia del Nazareno, por la invitación a escribir un libro sencillo que enfatiza el discipulado de santidad como un sendero en la gracia. Gracias a Bonnie Perry, directora editorial de *The Foundry Publishing*, por su firme creencia en que la buena teología escrita y trasmitida a la siguiente generación es una tarea importante a la que ha dedicado los mejores años de su vida. Gracias a Audra Spiven por su labor editorial y por siempre indagar, "¿Y qué si lo dijeras de esta manera?".

Para finalizar, gracias a la congregación nazarena de mi juventud, si bien no grande en asistencia, pero sí extravagante en su amor, que me enseñó que la santidad no solamente es aquello que Dios en Cristo ha hecho por nosotros, sino que también es aquello que Dios en Cristo está haciendo de manera incansable en y a través de nosotros cuando rendimos nuestros derechos y permitimos que Jesús sea el Señor.

Nota del autor

Como ha sido mi estilo en los escritos en el pasado, exhorto al lector a consultar el abundante número de notas al pie de página para contar con una mejor comprensión sobre el discipulado como ese sendero en la gracia.

Los múltiples apuntes reflejan la deuda que le tengo a las ideas de muchos y mi deseo de ofrecer perspectivas adicionales que pudieran terminar siendo una carga si se agregaran al contenido principal del libro. Con el fin de ofrecer un fácil acceso, las citas completas se encuentran disponibles cada vez que comienza un nuevo capítulo, aún si ese autor o ese recurso han sido reconocidos anteriormente.

INTRODUCCIÓN

Jesús nos invita a caminar con Él. "¡Ven y sígueme!" es una invitación simple a emprender una aventura con un amigo muy amado. La vida cristiana va más allá de creer en lo correcto; más allá de una aceptación intelectual. Es una invitación a caminar con Jesús.

Otra palabra para describir esta caminata con Jesús es el discipulado. El discipulado se trata de seguir los preceptos de Jesús mientras caminamos con Jesús. Este sendero tiene muchos giros, vueltas y curvas inesperadas a lo largo del recorrido. A veces, el sendero se siente fácil, y otras veces se siente como una pendiente difícil. Sin embargo, el objetivo final (en griego, *telos*) del discipulado es siempre el mismo: ser como Cristo.

Si ese cometido le parece imposible, la realidad es que se encuentra en un muy buen lugar para comenzar. De hecho, sí sería imposible si no fuera por la suprema convicción de que caminamos en este sendero con Él. Esta es la razón por la que es un sendero en la gracia.

Cuando Jesús dijo: "Yo soy el camino, la verdad y la vida" (Juan 14.6), estaba hablando de algo más que una ecuación intelectual, secuencial, o un acuerdo transaccional que hacemos con Dios. Nos estaba describiendo el aspecto relacional del discipulado. De hecho, el Camino, la Verdad y la Vida no son abstracciones filosóficas o principios para la vida. El Camino, la Verdad y la Vida son una persona.

Jesús estaba señalando hacia el verdadero *telos* (meta) de este sendero: la vida auténtica conforme a lo que Dios propuso, y los medios por los que alcanzamos la meta son el camino y la verdad, cumplidos en y a través de sí mismo[1]. El sendero en la gracia es relacional en su esencia.

James K. A. Smith describe el discipulado como "una especie de inmigración, desde el reino de las tinieblas hasta el reino del amado Hijo de Dios (Colosenses 1.13)"[2]. Esta figura hace referencia al viaje que una persona emprende cuando se muda de un país a otro.[3] Se trata de cambiar la ciudadanía y las lealtades, lo cual es completamente imposible fuera de la gracia de Dios en Jesucristo, quien es el Camino. Smith continúa: "En Cristo se nos da un pasaporte celestial; en su cuerpo aprendemos a vivir como 'lugareños' de su reino. Tal inmigración a un nuevo reino no es solo una cuestión de ser teletransportados a un reino diferente; necesitamos estar aclimatados a una nueva forma de vida, aprender un nuevo idioma, adquirir nuevos hábitos y desaprender los hábitos de ese dominio rival"[4].

Realmente creo que cuando Jesús dijo: "Voy a prepararles un lugar" (Juan 14), esa promesa incluía la garantía de que él personalmente había hecho las reservaciones para nuestro viaje, incluido el alojamiento para cuando llegáramos. Él es nuestro pasaporte celestial que nos permite convertirnos en lugareños de un nuevo país, de su reino. Lo mejor de todo es que promete acompañarnos hasta llegar a casa. Jesús será nuestro Camino a lo largo del camino. Esta es la esperanza que encontramos en este sendero en la gracia.

---

1. Richard John Neuhaus define *telos* como "el fin último que da sentido a la cosa en cuestión". Neuhaus, *Death on a Friday Afternoon: Meditations on the Last Words of Jesus from the Cross* (New York: Basic Books, 2000), 127.

2. James K. A. Smith, *You Are What You Love: The Spiritual Power of Habit* (Grand Rapids: Brazos Press, 2016), 66.

3. *El progreso del peregrino* (1678) de John Bunyan fue una de las primeras versiones ficticias de este mismo concepto del viaje que uno realiza para mudarse de un país o reino.

4. Smith, *You Are What You Love*, 66.

Yo Soy el Camino, la Verdad y la Vida

Cuando Jesús dijo: "Yo soy el camino, la verdad y la vida", no estaba sugiriendo un principio abstracto de la vida para que lo colgáramos como una placa en la pared. Más bien, fue una respuesta a una pregunta planteada por sus discípulos quienes experimentaban temor e incertidumbre. Proviene de una sección del Evangelio de Juan a la que los eruditos bíblicos se refieren como "el último discurso" (Juan, capítulos 14 al 17). Estos cuatro capítulos de Juan, más que cualquiera de los otros tres evangelios del Nuevo Testamento, nos dan una visión interna de lo que Jesús estaba pensando y enseñándoles a sus discípulos durante las horas previas a su pasión y muerte en la cruz. Por lo tanto, podrían describirse como el último deseo y testamento de Jesucristo.[5]

Recuerde, los discípulos habían escuchado noticias sumamente malas. Se habían reunido en una habitación prestada. Todos se encontraban apretados en un espacio reducido. Jesús lavó los pies de sus doce discípulos, lo que despertó incomodidad en todos. Luego procedió a decirles que muy pronto uno de ellos lo traicionaría (13.21). Para empeorar las cosas, después de varios años de viajar juntos a todas partes, Jesús les dijo que se iría y que no le podían acompañar (13.33).

¡Todo esto fue muy desconcertante! Jesús podía sentir cómo el peso de sus palabras se posaba sobre ellos. No es de extrañar que dijera: "No se turbe vuestro corazón" (14.1). La palabra en el original que se traduce como "turbar" es la misma palabra utilizada para describir las aguas del mar de Galilea durante una tormenta furiosa. Cuando soplaba el viento, las aguas se agitaban y batían. Los discípulos se sentían así. Sus estómagos se agitaban. Sus cabezas daban vuelta.

---

5. Frederick Dale Bruner se refiere a Juan 14-16 como los sermones sobre el discipulado de Jesús, y al capítulo 17 como un prototipo de oración final y, en conjunto, "la teología sistemática compacta de Jesús para su iglesia misionera". Bruner, *The Gospel of John: A Commentary [Comentario sobre el Evangelio de Juan]* (Grand Rapids: Eerdmans, 2012), 78.

Sus emociones estaban sobrecargadas. Jesús trataba de consolar sus corazones exasperados: "No se turbe vuestro corazón... Voy, pues, a preparar lugar para vosotros... Vendré otra vez, y os tomaré a mí mismo: para que donde yo estoy, vosotros también estéis. Y sabéis a dónde voy" (Juan 14.1-4).

Luego Tomás habló. La historia lo conoce como Tomás el incrédulo, pero me alegro de que estuviera allí porque Tomás tuvo el valor de hacer la pregunta a la que todos buscaban respuesta. Tomás es como el estudiante en un salón de clases que detiene al profesor en medio de la clase y dice: "Disculpe, puede que esto sea una pregunta tonta, pero no tenemos la menor idea de lo que está hablando en este momento". De hecho, no era una pregunta tonta. Me gusta el hecho de que Tomás haya tenido la perspicacia mental para identificar la realidad que nadie quería abordar; y de hacer esa pregunta apremiante que estaba en la mente de todos: "Señor, no sabemos a dónde vas. ¿cómo, pues, podemos saber el camino?" (14.5).

La vida es así, ¿verdad? Hay momentos en los que nos preguntamos qué camino tomar. A veces, creemos que sabemos a dónde vamos, o esperamos saber a dónde vamos, pero tenemos que admitir que hemos perdido por completo nuestro rumbo. Pareciera haber muchas intersecciones y giros, muchas opciones y callejones sin salida. Lo que deseamos más que cualquier otra cosa en el rompecabezas de la vida es un mapa. Sin embargo, muchas personas, al no encontrar ese mapa, deciden que resulta mejor ir a cualquier parte en vez de quedarse en ninguna parte, por lo que eligen ir hacia una dirección la cual les parece que es el camino de menor resistencia.

Afortunadamente, Jesús responde la pregunta de Tomás (y la nuestra): "Yo soy el camino, la verdad y la vida" (Juan 14.6). Jesús le dijo: Yo soy el camino, y la verdad, y la vida; nadie viene al Padre, sino por mí". Es interesante que al hacer tal afirmación, Jesús claramente le haya dado énfasis a la palabra "el camino". En esta secuencia, el camino es primero. Eso no quiere decir que la verdad y la vida no sean importantes. Simplemente significa que la verdad y la vida explican cómo y por qué Jesús es el Camino.[6] Él es el Camino porque Él es la Verdad, la revelación de Dios. Él es el Camino porque la vida de Dios disponible para cada persona reside en Él y solo en Él. Él es simultáneamente el acceso a, y la encarnación de la vida con Dios. La esencia de las buenas noticias del Evangelio de Juan es que en Jesús, el Verbo encarnado y el Hijo único de Dios, podemos ver y conocer a Dios de una manera nunca antes posible. Él es la autorrevelación autorizada de Dios.[7] En otras palabras, Jesús no es simplemente un camino, sino el Camino, porque es la manifestación excepcional y visible del Dios invisible a quien conocemos como el Padre (1.14, 18; 6.46; 8.19; 12.45).[8]

"Nadie puede ir al Padre si no es por mí" (14.6). Muchos nos podemos identificar con la pregunta de Tomás: "¿Cómo podemos conocer el camino?" (14.5) porque cada persona, ya sea que lo exprese con palabras o no, está buscando respuestas a preguntas espirituales. Nuestra sociedad actual está más abierta a lo espiritual en comparación al pasado. El problema es que las personas están abiertas a muchas vías diferentes de espiritualidad.

La cosmovisión occidental moderna parte de una mentalidad consumista que lo acepta todo; y está concatenada con el interés

---

6. Mucha gente considera a Raymond Brown como el erudito juanino más destacado de su generación. El cree que "el camino es el predicado principal [de la declaración de Jesús], y la verdad y la vida son solo explicaciones del camino". Brown, *The Gospel According to John XII-XXI, The Anchor Bible Commentary* (New York: Doubleday, 1970), 621. Si esto es correcto, la verdad y la vida son explicaciones del camino o, dicho de otra manera, Jesús es el Camino porque él es la Verdad y la Vida; Jesús, personalmente, encarna a los tres.

7. Bruner, *The Gospel of John*, 811. Bruner nos recuerda que "la revelación de Jesús de Dios el Padre nos da una gran esperanza de que el Padre también [como Jesús] será, y, de hecho, es y siempre ha sido, muy, muy bueno".

8. Me inspiré al escribir esta oración a partir de una nota poética al pie de página que se encuentra en *The Wesley Study Bible: New Revised Standard Version*, Joel B. Green y William H. Willimon, eds. (Nashville: Abingdon Press, 2009).

político en la actualidad de adoptar el pluralismo. Esta postura conduce a muchas personas a pensar que un camino espiritual es tan relevante y legítimo como cualquier otro; siempre que este satisfaga sus necesidades personales, y siempre y cuando las personas sean auténticas consigo mismas. Entonces se asume que, ya sea que uno elija el budismo, el hinduismo, el islam, la cienciología, el judaísmo, el cristianismo o cualquier otra religión, siempre que uno sea sincero y esté satisfecho con su elección, esa alternativa es tan válida como cualquier otra porque todos los caminos conducen (así lo dice la cosmovisión) al mismo Dios.

Uno de los muchos problemas con este punto de vista es que estas creencias a menudo difieren y se contradicen entre sí y hacen afirmaciones que se excluyen mutuamente. Cuando examinamos al cristianismo a la luz de los diversos sistemas religiosos, vemos que esta es la única fe que afirma de manera absoluta que Jesús es el camino exclusivo a Dios. Uno no puede creer en la afirmación exclusiva de Jesucristo, "Nadie viene al Padre sino por mí", y aún así afirmar que hay otras formas de acceder al Padre. En efecto, hacerlo negaría al mismo Cristo que pronunció esas palabras. Jesús no dijo: "Soy uno de los muchos caminos para llegar al Padre". No dijo: "Puedes elegir seguirme si quieres, pero hay otras opciones que son igualmente viables". Jesús tampoco dijo: "Estoy de acuerdo que recorras cualquier camino espiritual, siempre y cuando seas sincero". Jesús ni siquiera insinuó eso, Él dijo claramente que Él es el único camino al Padre.[9]

Poco después de que nuestra familia se mudara a una nueva ciudad, mi esposa y yo teníamos una cita al otro lado de la ciudad. Tuvimos que conducir vehículos separados. Ella conducía una minivan y yo

---

9. Esto no limita la soberanía de Dios para llegar con gracia a los adeptos de otras religiones y tradiciones religiosas que pueden morir sin conocer o incluso sin haber escuchado el nombre de Jesús. Dios siempre es libre de hacer lo que Dios soberanamente elige hacer. Yo anticipo por completo el ser sorprendido por la gracia en la reconciliación de todas las cosas.

conducía un automóvil. Debido a que su sentido de dirección siempre ha sido mejor que el mío, ella iba adelante. De repente nos vimos atrapados en el denso tráfico y la perdí de vista. Vi lo que parecía ser su minivan y la seguí. Cuando me di cuenta de que estaba siguiendo el vehículo equivocado, y ahora en un camino completamente diferente, ya era demasiado tarde para llegar a la cita. Simplemente me di la vuelta y me fui a casa. La moraleja de la historia es simple: usted puede ser sincero al elegir un camino y al mismo tiempo estar sinceramente equivocado. El hecho es que se necesita más que sinceridad para encontrar el camino correcto.[10] ¡Se necesita la verdad! Una persona puede ir marcando un buen paso en la dirección a la que se dirige, pero si va por el camino equivocado, no importa cuán rápido llegue.

La declaración de Jesús es radicalmente inclusiva porque todos están invitados a seguir el camino, pero es radicalmente exclusiva en el sentido de que cada camino que una persona sigue para encontrar la verdad termina en un callejón sin salida; a menos que sea el único Camino que los lleve al verdadero Dios.

Cada persona (cada uno de nosotros) es culpable de tomar el giro equivocado, espiritualmente hablando. Como resultado, nos encontramos alejados de Dios. El profeta Isaías escribe categóricamente: "Todos nosotros nos descarriamos como ovejas, cada cual se apartó por su camino"(53.6). El apóstol Pablo reitera esto en Romanos: "Por cuanto todos pecaron, y están destituidos de la gloria de Dios" (3.23). ¿Por qué? Porque todos hemos tomado el camino equivocado en la vida. Todos hemos elegido seguir nuestro propio camino en lugar de seguir la voluntad y el camino de Dios para nuestras vidas.

---

10. Nadie es más sincero en cuanto a lo que creen verdadero que los terroristas suicidas. Sin embargo, en lo que concierne a la sinceridad, no importa cuán apasionadamente aferrado esté uno con su verdad, si no se basa en la realidad suprema, no será suficiente.

El evangelio (las buenas noticias) es que Jesús vino por personas como nosotros. Otro escritor del evangelio, Lucas, nos dice que el propósito de la misión de Jesús es "buscar y salvar a los perdidos" (19.10). En lugar de dejarnos parados en una bifurcación en el camino, o peor aún, siguiendo el camino equivocado completamente sin rumbo, Jesús vino a mostrarnos claramente el único camino hacia Dios, hacia el nuevo país del reino y hacia la vida eterna.

Un comentarista parafrasea las palabras de Jesús de esta manera: "Yo, yo soy el Camino hacia allá, y yo, soy la Verdad que te guiará por el Camino hacia allá, y yo, soy la Vida que te dará el poder de seguir la Verdad por el Camino hacia allá"[11]. "Yo soy[12] el Camino" no es un conjunto de direcciones, ni una hoja de ruta, ni un conjunto de pistas: Yo soy el Camino. "Yo soy la Verdad" no es un conjunto de principios para organizar la vida o presuposiciones filosóficas: Yo soy la Verdad. "Yo soy la Vida" no es una forma alternativa de vivir con un punto de vista más optimista: Yo soy la única Vida real, el único medio para ser verdaderamente humano.

La afirmación de Jesucristo de no ser simplemente un camino, una verdad y una vida, sino ser el verdadero y único Hijo de Dios, es la base del cristianismo. Eso no se trata de difamar a otras creencias; es simplemente decir que solo hay un camino hacia el Padre, y es a través de Jesucristo. Él es el único medio por el cual podemos ser salvos. Como Frederick Bruner ha señalado, "El oriente siempre ha anhelado 'el Camino' (el *tao*), el occidente 'la Verdad' (*veritas*) y el mundo entero (este, oeste, norte y sur) 'la vida *real*.' Jesús es, en persona, los tres"[13].

---

11. Bruner, *The Gospel of John*, 823.

12. El pronombre [*ego*, "yo"] es enfático, cambiando el énfasis de un método a una Persona. También es digno de mención, y se ha destacado en innumerables ocasiones, que los dichos de Jesús "Yo soy" en Juan son una referencia al pronunciamiento de la zarza ardiente de Dios a Moisés, "Yo soy el que soy" (Éxodo 3.14). "Yo soy" se conoció en todas las escrituras hebreas como *Yahweh*.

13. Bruner, *The Gospel of John*, 812.

Imagine que se encuentra en una ciudad desconocida y le pregunta a alguien cómo llegar a un lugar difícil de encontrar. La persona a la que le solicitó ayuda podría decir algo así: "Gire a la derecha en la siguiente intersección grande. Luego cruce la plaza, pase la iglesia, quédese en el carril central, que lo llevará directamente a la tercera calle a la derecha, hasta llegar a una parada de cuatro carriles". Incluso cuando las instrucciones sean claras, si el camino es complicado, las posibilidades de dar un giro equivocado o de perderse son altas.

Suponga que, en cambio, la persona a la que le pregunta le dice: "De hecho, no hay una manera fácil de llegar allí. Si nunca antes has estado allí será complicado llegar; pero sígueme. Mejor aún, ven conmigo y yo te llevaré". Esa persona no solo se convierte en su guía, sino que también se convierte esencialmente en el camino, y no hay forma de perderse para llegar a su destino. Esto es lo que Jesús hace por nosotros. Él no solo da consejos e instrucciones. Él camina con nosotros por el sendero en la gracia. De hecho, Él no nos habla del camino, ¡Él se convierte en el Camino!

El teólogo británico y renombrado misiólogo Lesslie Newbigin articuló poderosamente esta perspectiva: "No es que Él [Jesús] nos enseñe el camino o nos guíe en el camino: si eso fuera así, podríamos agradecerle por su enseñanza y luego proceder a seguir el camino por nuestra cuenta. Él mismo es el Camino...Seguir este camino es, en efecto, el único camino al Padre"[14].

En *Las aventuras de Alicia en el país de las maravillas de Lewis Carroll*, Alicia se encuentra en una encrucijada y le hace una pregunta al Gato de Cheshire: "¿Me dirías, por favor, qué camino debo seguir desde aquí?".

---

14. Lesslie Newbigin , *The Light Has Come: An Exposition of the Fourth Gospel* [La luz ha llegado: una exposición del cuarto evangelio[(Grand Rapids: Eerdmans, 1987), 181.

"Eso depende en gran medida de a dónde quieras ir", respondió el gato.

"No me importa mucho a dónde voy", respondió Alicia.

"Entonces no importa en qué dirección vayas", dijo el Gato.

Quizás nadie haya resumido más elocuentemente la declaración puntual de Jesús que Thomas à Kempis en su clásico devocional, *Of the Imitation of Christ (De la imitación de Cristo)*.

Sígueme. "Yo soy el Camino, la Verdad y la Vida. Sin el Camino, no hay recorrido. Sin la Verdad, no hay conocimiento. Sin la Vida, no hay subsistencia. Soy el Camino que debes seguir, la Verdad que debes creer, la Vida que debes esperar. Soy el Camino inquebrantable, la Verdad infalible y la Vida inacabable. Soy el Camino que es recto, la Verdad suprema, la Vida verdadera, la Vida que es bendita y eterna. Si permaneces en mi Camino, conocerás la Verdad, la Verdad te hará libre y alcanzarás la vida eterna.[15]

En Jesús, encontramos el Camino al Padre; Él es el camino a casa.

En Jesús, encontramos la Verdad. Él encarna la verdad inmutable, certera y firme del carácter y la naturaleza del Padre.

En Jesús, encontramos Vida, la vida abundante, tanto ahora como en la nueva creación que Dios prometió que habría de venir.

Este es el sendero en la gracia.

---

15. Thomas à Kempis, *Of the Imitation of Christ*, Book 3, chapter 56 (c. 1418—1427).

1
SUBLIME GRACIA

La gracia está en todas partes.

—Georges Bernanos

"*Amazing Grace*" (Sublime Gracia) es una de las canciones más famosas y favoritas del mundo. Aunque tiene más de dos siglos de antigüedad, se sigue cantando en cientos de idiomas y dialectos.[1] Trasciende razas y credos, límites geográficos y generacionales. Una persona que no es cristiana puede ser que conozca la letra y se sienta conmovida por su significado.

Un pastor inglés llamado John Newton escribió la canción. Durante la primera parte de su vida adulta, fue el capitán de un barco de esclavos y fue personalmente responsable de traer cientos de esclavos de África occidental a Gran Bretaña. Sin embargo, después de un encuentro cercano con la muerte durante una tormenta violenta en el mar, tuvo una experiencia de conversión que lo cambió radicalmente. Nunca más sería el mismo.

---

1. Mientras escribo esto sentado en la sala de un aeropuerto en Johannesburgo, Sudáfrica, puedo escuchar a uno de los trabajadores tararearlo suavemente en afrikáans. El periodista estadounidense Bill Moyers asistía a una actuación en el Lincoln Center donde el público cantó "*Amazing Grace*" [Sublime Gracia]. Quedó tan impresionado por el poder unificador de la canción, tanto entre cristianos como entre no cristianos, que se inspiró para producir un documental con el mismo nombre.

No solo comenzó a caminar por el sendero en la gracia con Dios, sino que también se lamentó y arrepintió profundamente por ser partícipe en el comercio de esclavos. Renunció a su capitanía, se convirtió en pastor anglicano y más tarde llegó a ser mentor de William Wilberforce, quien dirigió la campaña para abolir la esclavitud en el Imperio británico. A la edad de ochenta y dos años, mientras yacía moribundo, Newton declaró: "Mi memoria casi se ha escapado. Pero recuerdo dos cosas: que soy un gran pecador y que Cristo es un gran Salvador". No es de extrañar que pudiera escribir de una manera tan poética: había recibido, experimentado y sido transformado por una sublime gracia.

Este es un libro sobre la gracia. Se trata del sendero en la gracia por el cual somos hechos cada vez más a la imagen de Jesucristo, quien es "el Camino, la Verdad y la Vida". La gracia se manifiesta de muchas formas, tanto en las Escrituras como en nuestras vidas, pero la naturaleza de la gracia sigue siendo la misma. La recibimos personalmente como un regalo de Dios y cooperamos con Dios dentro de una relación mutua y transformadora.

¿Qué es la gracia?

¿Qué es la gracia de Dios? ¿Cómo llega a nuestras vidas, nos afecta, nos cambia y nos capacita para vivir vidas semejantes a Cristo? Hay muchas definiciones de la gracia:

- El favor inmerecido de Dios.
- El amor inmerecido de Dios.
- El favor dado a alguien que merece lo contrario.
- La expresión absolutamente libre del amor de Dios que encuentra su único motivo en la generosidad y benevolencia del Dador.[2]
- La bondad de Dios sin ataduras.

---

2. Esta es una paráfrasis vaga de la definición de gracia atribuida al ahora fallecido erudito, lingüista y líder de misiones del Nuevo Testamento Spiros Zodhiates.

Todas estas definiciones de gracia intentan describir esos aspectos indescriptibles y sorprendentes de la respuesta amorosa de Dios a la humanidad que no la merece. Es por eso que usamos la palabra "sublime"; ya que desafía nuestras categorías humanas de relaciones y transacciones.

Quienes trabajan en finanzas saben lo que es un "período de gracia". Los períodos de gracia son pequeños espacios de tiempo en que un pago se aplaza sin penalización. Cuando alguien debe la letra de un automóvil o un préstamo escolar, pero ese pago se difiere sin incurrir en cargos por mora, eso es "un período de gracia". Sin embargo, un "período de gracia" tiene condiciones. Solo dura un poco de tiempo. Eventualmente, terminará, y si alguien aún no ha pagado lo que debe, se le cobrarán multas adicionales. Es gratis, pero no incondicional.

La gracia de Dios es diferente. La gracia de Dios es gratuita (no debe confundirse con "sin costo", abordaremos más al respecto al final del capítulo), y eso es algo bueno porque no tenemos forma de pagarla de todos modos. Nunca podríamos pagar o reembolsar lo que le debemos a Dios. Solamente por su gracia Dios hace por nosotros lo que nunca podríamos hacer por nosotros mismos. Por eso decimos que la gracia es un don que no merecemos. Dios nos trata mejor de lo que merecemos. Es el favor que se nos otorga cuando merecemos lo contrario, y eso nos impulsa a seguir el discipulado de Jesús con completa devoción.

La definición más simple de gracia es "regalo". El apóstol Pablo tomó prestada la palabra griega común que se usaba para "regalo" o "favor", *charis*, y nos ayudó a reimaginarla para describir el vasto significado de todo lo que Dios ha hecho a nuestro favor a través de Jesucristo (2 Corintios 8.9; 9.15; Gálatas 2.21; Efesios 2.4-10).[3] También es importante tener en cuenta que *charis* se deriva de la raíz

---

3. La palabra griega *charis* se traduce en latín como *gratia*, de la cual muchos idiomas obtienen la palabra "gracia".

char: "Lo que trae alegría"[4]. Por lo tanto, la acción de dar y de recibir la gracia evoca alegría y gratitud. En ese sentido, es apropiado que los receptores de la gracia ofrezcan algo a cambio: acción de gracias y una vida consagrada. Esto no implica que la gracia divina sea una transacción relacional. El deseo (o expectativa) de devolver el favor niega el poder del regalo.[5] El pensamiento transaccional siempre socava y devalúa las intenciones de un regalo.

Si le doy un regalo a mi amigo, podría decirle: "Quiero darte este regalo como una señal de mi amor por ti".

La respuesta normal sería que mi amigo recibiera el regalo y simplemente dijera "Gracias".

¿Qué pasaría si en cambio, mi amigo dijera: "Qué amable de tu parte. ¿Cuánto te debo?". Estaría confundiendo el gesto de recibir un regalo con una transacción: Estás haciendo algo bueno por mí. Te debo una.

Hay otro problema al confundir el don de la gracia con las transacciones que tienden a ser reembolsables. El significado de fondo de la gracia es que no hay nada que podamos hacer para que Dios nos ame más, y no hay nada que podamos hacer para que Dios nos ame menos de lo que ya lo hace.[6] No hay nada tan bueno en nosotros que nos haga dignos o capaces de ganarnos el amor de Dios, y no hay nada tan malo en nosotros que nos separe del amor de Dios, que es en Cristo Jesús nuestro Señor (Romanos 8.35-39). Dios no nos ama

---

4. Thomas A. Langford, *Reflections on Grace* (Eugene, OR: Cascade Books, 2007).
5. En *Paul and the Gift* (Grand Rapids: Eerdmans, 2015), John MG Barkley argumenta con fuerza que la idea de "regalo" como algo entregado "gratuitamente, a cambio de nada" es un concepto occidental moderno. A lo largo de la antigüedad, e incluso hoy en muchas partes del mundo, los obsequios se entregan con fuertes expectativas de retorno, incluso para obtener algo que fortalezca la solidaridad social. El entendimiento del evangelio del Nuevo Testamento sobre el "regalo" de la salvación es que, aunque no se merece ni se puede ganar, la gracia engendra justicia y la justicia engendra obediencia.
6. Philip Yancey, *What's So Amazing about Grace?* (Grand Rapids: Zondervan, 1997), 70.

porque seamos buenos, y Dios no nos odia porque seamos malos. La naturaleza esencial de Dios es el amor sagrado, lo que significa que la acción que más caracteriza a Dios es la gracia divina, generosa que ha sido derramada.[7]

Philip Yancey reconoce esto cuando escribe: "La gracia significa que Dios ya nos ama tanto como un Dios infinito puede amar"[8]. Ya que Dios no nos amó inicialmente en base a nuestro buen comportamiento, ¿cómo podría un mejor comportamiento hacer que Dios nos ame más? Del mismo modo, ¿cómo podría un peor comportamiento hacer que Dios nos ame menos? No puede orar más, dar más, servir más o sacrificarse más y hacer que Dios diga: "Ella se está portando mucho mejor. Por fin se controló. Ahora la amo más que antes". No. Usted es amado tal como es. Cuando se trata del amor de Dios, no depende de lo que haga o de cómo se comporte, o de que se lo merezca, sino que el amor es la primera y la última inclinación del corazón de Dios.

Una comparación común entre la justicia, la misericordia y la gracia lo expresa muy bien: la justicia es recibir lo que merece. Por misericordia no recibimos lo que merecemos. La gracia es recibir aquello que no merece.

Jesús contó muchas parábolas para ayudarnos a reimaginar la vida desde el punto de vista del Reino. Las parábolas no fueron solamente historias morales que se contaron para mostrarnos una mejor manera de vivir, sino que nos ayudan a tener una mejor comprensión y a corregir nuestro concepto de la naturaleza y el corazón de Dios. Piense

---

7. "La característica más esencial de Dios es el amor. "Dios es amor", dice Juan de manera sencilla pero profunda. Podemos modificar el amor de Dios con la palabra "santo". Sin embargo, esto agrega poco a la comprensión de Dios porque, por naturaleza, el amor de Dios es santo. El modificador 'santo' nos recuerda, sin embargo, que Dios está más allá de nosotros como alguien distinto a nosotros. Dios es santo siempre diferente a nosotros en la naturaleza". Diane LeClerc, *Discovering Christian Holiness: The Heart of Wesleyan-Holiness Theology* (Kansas City, MO: Beacon Hill Press of Kansas City, 2010), 274.

8. Yancey, *What's So Amazing about Grace?*, 70.

en las parábolas de la oveja perdida, la moneda perdida y los hijos perdidos (Lucas 15).[9] Jesús describe a Dios como un pastor lleno de gozo no porque noventa y nueve ovejas siguieron las reglas, sino porque encontró a una de sus ovejas que se había perdido. Él describe a Dios como una mujer que movió todos los objetos de su casa en busca de una moneda preciosa y cuando la encuentra se emociona tanto que organiza una fiesta para celebrar con sus amigos. Luego describe a Dios como un padre lleno de amor que busca en el horizonte señales de un hijo descarriado. Cuando ve al hijo errante "cuando aún estaba lejos" (Lucas 15.20), se llena de compasión y corre para recibirlo en casa. Todos estos son ejemplos que describen la naturaleza y el corazón de Dios. ¡El corazón de Dios se deleita cuando somos encontrados! La gracia es poderosa para encontrarnos aunque estemos divagando, perdidos o viviendo en la infidelidad.

Jesús contó otra parábola acerca de los trabajadores de una viña cuyo señor les pagó a todos los obreros el mismo salario a pesar de que algunos trabajaron un número muy inferior de horas que los demás (Mateo 20.1-16). Esta historia no tiene sentido desde el punto de vista económico y hasta pareciera ser una práctica comercial imprudente. Esta conducta imprudente del propietario de un negocio corre el riesgo de desmotivar a los mejores trabajadores y alentar la pereza entre los más haraganes. Sin embargo, esta parábola no se trata de las mejores prácticas comerciales; más bien, es una parábola que trata de la gracia extravagante de Dios. La gracia no es una ecuación matemática que lleve la contabilidad de las horas de trabajo de los empleados, que siga los principios contables correctos o recompense a los trabajadores más esforzados. La gracia no se trata de quién merece ser remunerado; se trata de personas que sin merecerlo reciben regalos de todas formas. Si a sus oídos esto le parece escandaloso y ridículo a su

---

9. El uso de "hijos" en plural fue hecho de forma intencional. En la enseñanza de Jesús acerca de esta parábola parece claro que ambos hijos se perdieron por diferentes razones, pero solo uno se fue de casa.

sentido común, eso significa que está comenzando a comprender el propósito de la gracia.

La gracia es personal

Podemos hablar de la experiencia de la gracia porque es profundamente personal y relacional. La gracia es personal por dos razones importantes. Primero, la gracia no es una cosa. No es un bien o mercancía. No es una sustancia sagrada vertida en nosotros como una especie de "aceite de motor cristiano" para ayudar al "motor" de nuestro discipulado a funcionar de manera más eficiente. La gracia es personal porque nos llega en la persona de Jesucristo, quien dijo: "Yo soy el camino, la verdad y la vida"[10].

Thomas Langford, un teólogo de la tradición wesleyana, sostiene que a lo largo de la historia de la iglesia ha habido una lucha entre dos interpretaciones de la gracia:

Por un lado, la gracia puede percibirse como una cosa, una cosa que Dios posee y puede conferir, y quizás algo que las personas pueden aceptar y poseer; o, en términos más amplios, una atmósfera, energía o poder que representa la acción de Dios y que representa un contexto circundante para la vida humana. Por otro lado, la gracia se ha identificado como "alguien"; la gracia es una persona, la gracia es Dios (Dios presente para los seres humanos). Hablar de la gracia es hablar de la presencia de Dios y su interacción solidaria con la creación. Bajo esta comprensión, el análisis de la gracia se debe hacer a partir de la meditación en la vida, muerte y resurrección de Jesús. Jesucristo es la gracia; la gracia es Jesucristo.[11]

---

10. Cuando el Evangelio de Juan habla del Espíritu Santo como "otro" Abogado, significa que el Espíritu de la Verdad continuará el ministerio de Jesús la Verdad (14.6, 16-17).

11. Langford, *Reflections on Grace*, 18.

Me sorprende la poderosa declaración que expresó Diarmaid MacCulloch en su compendio monumental sobre la historia del cristianismo: "Fue una persona, no un sistema, la que cautivó [a Pablo] en los eventos misteriosos en el camino a Damasco"[12]. De muchas maneras, Saulo de Tarso, quien más tarde fue conocido como el apóstol Pablo, no estaba preparado para esta sorprendente revelación. Él era devoto a una religión, un sistema definido, una tradición, una Ley. La conocía muy bien. La defendía a capa y espada, pero fue una persona quien lo cambió. Esa persona fue Jesús de Nazaret, a quien luego Pablo identificó como Cristo y Señor.

El sistema de creencias que Pablo profesaba demandaba una adhesión total a la Ley. Después de la experiencia en el camino a Damasco (Hechos 9.1-22), Pablo vio las cosas de manera diferente; todavía creía que la Ley era buena, pero incompleta. Cuando conoció a la Persona, cambió su enfoque en lo que era bueno (su herencia judía) a alguien incomparablemente mejor: Jesucristo. A través de la experiencia de un encuentro íntimo con Cristo, descubrió una justicia que no era la suya.[13] Pablo creía que la relación del creyente con Cristo (la Persona) podría llegar a ser tan íntima que se refiere a ella como la "unidad en Cristo", lo que indica una unión total. Para Pablo, la unidad no era un concepto abstracto, grecorromano ni platónico. Jesucristo fue (es) un ser humano real en el tiempo y espacio histórico reciente. Él no solo es como nosotros en su humanidad sino que (como aquel que Pablo conoció en el camino de Damasco), es una persona resucitada y trascendente cuya vida, muerte, resurrección y ascensión revirtieron la catástrofe de nuestro pecado y caída (1 Corintios 15.22).

---

12. Diarmaid MacCulloch, *Christianity: The First Three Thousand Years* (New York: Penguin Books, 2009), 9.

13. Dikaioun, "ser hechos rectos" (o en la frase que la Reforma Protestante hizo famosa en el siglo XVI, "ser justificados"), denota que hay una gracia que viene de afuera de nosotros mismos.

En un sentido muy real, el cambio de nombre de Saulo a Pablo fue más que una conversión, fue un despertar: "al momento le cayeron de los ojos como escamas, y recibió al instante la vista" (Hechos 9.15). Fue una regeneración. Pablo recibió un regalo puro y sin adulterar, que no podía ganar ni merecer. En ese momento él pudo ver hacia dónde la Ley había estado señalando desde el principio: a una Persona. Esta es la razón por la que luego escribió: "pero nosotros predicamos a Cristo crucificado, para los judíos ciertamente tropezadero, y para los gentiles locura; mas para los llamados, así judíos como griegos, Cristo poder de Dios, y sabiduría de Dios" (1 Corintios 1.23-24). Esto era chocante para los que estaban sujetos a la Ley y la tradición judía; y una locura para aquellos que estaban cautivados por la élite de la cultura griega y las cosmovisiones filosóficas occidentales. Pero, para aquellos que creyeron que Jesús era el Cristo de Dios (en griego, *christos* significa "ungido"), por la gracia de Dios, se convirtió en su salvación.[14]

Los primeros cristianos no predicaron un sistema o incluso una religión, sino que proclamaron a una Persona. Para el islam, la Palabra se convirtió en un libro (el Corán); para el cristianismo la Palabra[15] se hizo carne (Juan 1.14).[16] Un ser humano, el eterno, Dios, se convirtió en una persona: la encarnación. Los primeros cristianos no renunciaron a sus vidas por una teoría, un principio o una fuerza vital. Lo hicieron por y en pos de una Persona: una Persona de verdad que realmente fue crucificada y enterrada, que realmente resucitó de entre los muertos como primicia de la nueva creación, que realmente ascendió al cielo y que realmente regresará nuevamente.

---

14. *Strong's Concordance of the New Testament* indica que *charis*, "gracia", aparece al menos ochenta y ocho veces en las cartas de Pablo a las iglesias del primer siglo.

15. N.T. Palabra o Verbo

16. Estoy en deuda con Daniel Gomis, director regional de la Iglesia del Nazareno en África, por esta importante distinción.

No conozco a nadie que describa esto en una forma más clara que Dietrich Bonhoeffer: "Al ponernos en contacto con una idea, nos situamos en una relación de conocimiento, de entusiasmo, quizás de realización, pero nunca de seguimiento personal. Un cristianismo sin Jesucristo vivo sigue siendo, necesariamente, un cristianismo sin seguimiento, y un cristianismo sin seguimiento es siempre un cristianismo sin Jesucristo"[17].

Por lo tanto, el sendero en la gracia no se trata de seguir un sistema, un libro, un *Manual*, una denominación o una tradición. Seguimos, adoramos y servimos a Jesucristo. La gracia es el resultado de todos los beneficios que recibimos a través de la vida, el ministerio, la muerte, la resurrección y la ascensión de Jesús, quien quiere tener una relación personal con nosotros y que ahora es Cristo y Señor.

Una descripción cristocéntrica (centrada en Jesús) de la gracia no desestima una teología trinitaria más robusta de la gracia (es decir, Dios como el Creador y Padre; y el poder del Espíritu Santo que opera en la vida de un creyente). Nuestra comprensión de la gracia como una Persona nos sirve como recordatorio de que todo lo que llegamos a conocer de Dios se revela con mayor claridad a través de la vida, enseñanza y la experiencia con la Persona por medio de la cuál Dios eligió darse a conocer. La meta del discipulado cristiano es formar a los receptores de la gracia a la imagen y semejanza de Jesucristo.

Esta afirmación nos lleva a la segunda razón por la que la gracia es personal: la gracia llega a cada persona de acuerdo a su necesidad o capacidad particular para recibirla. Cada persona recibe y se apropia de la gracia de una manera particular.

Tengo muchos amigos, pero me relaciono con ellos de diferentes maneras porque cada uno es único. Tengo tres hijos, y aunque los amo a todos por igual, no puedo tratarlos de la misma manera. Todos

---

17. Dietrich Bonhoeffer, *The Cost of Discipleship* (Nueva York: Macmillan Company, 1949), 63-64.

son diferentes, por lo que mi enfoque en la crianza de cada uno de ellos debe adaptarse de manera particular. Esta es la forma en que podemos demostrarle el amor a nuestros amigos e hijos.

De la misma manera, cada persona recibe y se apropia de la gracia de manera única porque experimentamos la gracia en una relación personal con el Dios trino, la cual nos es dada por el Padre, extendida a través de Jesucristo y fortalecida por el Espíritu Santo. La gracia es personal porque nos llega en una Persona, individualizada de acuerdo a nuestras necesidades. A medida que Dios nos da más de Él, más gracia recibimos.

La gracia es cara

Dietrich Bonhoeffer nos recuerda que, aunque la gracia es gratuita, no quiere decir que no tenga un precio. Bonhoeffer, en un párrafo poderoso de su obra más conocida *"El costo del discipulado"*, explica que la diferencia que existe entre la gracia barata y la gracia cara radica en la falta de la demanda por un verdadero discipulado o en la expectativa del mismo, "La gracia barata es gracia sin discipulado, gracia sin cruz, gracia sin Jesucristo vivo y encarnado"[18].

Además, Bonhoeffer afirma sin rodeos que la gracia barata es "el enemigo mortal de nuestra iglesia", "el enemigo más amargo del discipulado" y "ha provocado la ruina de más cristianos que cualquier mandamiento de realizar obras"[19]. Una persona puede decir que su justificación es solamente por gracia como un regalo de Dios, pero el fruto de una vida justificada se pone en evidencia cuando uno lo ha dejado todo para seguir a Cristo.[20] La razón, como Bonhoeffer lo dice de manera acertada, es que cuando uno escucha el llamado de Jesús

18. Bonhoeffer, *The Cost of Discipleship*, 47-48.
19. Bonhoeffer, *The Cost of Discipleship*, 45, 55, 59.
20. Bonhoeffer, *The Cost of Discipleship*, 55.

para seguirlo, la respuesta inicial del discípulo es un acto de obediencia antes de ser una confesión doctrinal de fe (Marcos 2.14)[21].

Bonhoeffer procede a describir el costo de la gracia y por qué la única respuesta apropiada es el discipulado de entrega total.

La gracia es cara porque nos llama a seguir, y es gracia porque nos llama a seguir a Jesucristo, es cara porque le cuesta al hombre la vida, es gracia porque le regala la vida; es cara porque condena el pecado, es gracia porque justifica al pecador. Sobre todo, la gracia es cara porque le costó a Dios la vida de su Hijo: "habéis sido adquiridos a gran precio"; y porque lo que le costó caro a Dios no puede resultarnos barato a nosotros. Es gracia, sobre todo, porque Dios no consideró a su Hijo un precio demasiado caro a pagar por nuestras vidas, sino que lo entregó por nosotros. La gracia cara es la encarnación de Dios.[22]

La vida de discipulado es un caminar en la gracia. Comienza con la gracia, se fortalece por la gracia y recibe una infusión de gracia de principio a fin. No puede existir un verdadero discipulado a menos que sigamos y obedezcamos los preceptos de Jesús. La gracia de Dios puede recibirse como un regalo, sin costo, pero no puede permanecer separada de los requerimientos del discipulado.

Philip Yancey relata una escena de la película *The Last Emperor* (El último emperador), acerca del joven que fue escogido como el último emperador de China. Él vivía una vida de lujo con muchos sirvientes a su disposición.

"¿Qué pasa cuando haces algo malo?" pregunta su hermano.

"Cuando hago algo malo, alguien más es castigado", responde el joven emperador. Para demostrarlo, el joven emperador rompe un artefacto precioso, y uno de los sirvientes es golpeado por la transgresión.[23]

---

21. Bonhoeffer, *The Cost of Discipleship*, 61.
22. Bonhoeffer, *The Cost of Discipleship*, 47-48.
23. Yancey, *What's So Amazing about Grace?*, 67.

Esta era la antigua costumbre de los reyes y emperadores, carecía de justicia y misericordia. Un día alguien de otro mundo llegó. Era un rey que le dio un nuevo significado al concepto de autoridad. Revertió el viejo orden e inauguró un nuevo reino. Cuando sus siervos caen en pecado, este Rey toma lo que les corresponde sobre sí mismo. Yancey reflexiona: "La gracia es gratuita solo porque el que la otorga ha sufragado los gastos".[24]

Esto no es justicia ni misericordia, es gracia. Una gracia cara. Quizás es por eso que todavía nos encanta entonar la canción de Newton. La gracia es sublime.

Entonces, ¿cómo se manifiesta la gracia extravagante de Dios en nuestra vida diaria? Una cosa es saber qué significa la gracia. Es genial saber que Dios nos ama así, pero ¿qué diferencia produce eso en mi vida? ¿Qué apariencia tiene la gracia cuando la veo? ¿Qué efecto tiene la gracia cuando la experimento? ¿Qué diferencia produce la gracia en mi vida cotidiana?

La gracia se experimenta en formas multifacéticas, sutiles y diversas. El resto de este libro explorará las múltiples expresiones del sendero en la gracia.

---

24. Yancey, *What's So Amazing About Grace?*, 67.

△
EL CAMINO

A través de la gracia preveniente, Dios va delante de nosotros abriendo un camino para atraernos a una relación con Él.

2
LA GRACIA QUE NOS BUSCA[1]

Porque el Hijo del Hombre vino a buscar y a salvar lo que se había perdido.

—Lucas 19.10

El discipulado se asemeja a transitar por un largo camino de obediencia, con Jesús como nuestro guía y compañero.[2] A esto lo llamamos el sendero en la gracia. El sendero en la gracia siempre tendrá un elemento de dinamismo porque en su esencia es relacional. El caminar por fe, más que una monotonía es una aventura y más que un trabajo pesado es un deleite ya que nos sumergimos en la gracia de Dios con cada paso que damos en el sendero del discipulado. Experimentamos la gracia de Dios de diferentes maneras a lo largo de las diversas etapas que pasamos en la vida. Si bien estas facetas de la gracia no siempre son secuenciales (que siguen un orden específico),

---

1. Partes de este capítulo están incluidas y adaptadas del capítulo del autor titulado "The Grace That Goes Before: Prevenient Grace in the Wesleyan Spirit," por David A. Busic, en *Wesleyan Foundations for Evangelism*, ed. por Al Truesdale (Kansas City, MO: The Foundry Publishing, 2020). Usado con permiso.

2. La frase "una larga obediencia en la misma dirección" ha sido tomada de un libro sobre el discipulado escrito por el pastor-teólogo Eugene Peterson, *A Long Obedience in the Same Direction: Discipleship in an Instant Society* (Downers Grove, IL: InterVarsity Press , 1980).

su diferencia radica en los diversos propósitos que cumplen en nuestro caminar en el discipulado.[3]

Existen al menos cinco expresiones bíblicas que reflejan nuestra experiencia con la gracia de Dios. Esto no quiere decir que haya diferentes clasificaciones de la gracia, como si la gracia se pudiera diseccionar en diferentes medidas o tipos categóricos.[4] Como señala Jack Jackson, "la gracia de Dios es singular"[5] o, John Wesley, la gracia de Dios es simplemente "el amor de Dios".[6] Para evitar esta tendencia a clasificar varios tipos de gracia, Wesley eligió enfocarse en la naturaleza experiencial de la gracia: "Dependiendo en qué etapa del discipulado se encuentran las personas, ellas experimentan la gracia de Dios de manera diferente. Aquellos en el estado de naturaleza (pre-cristianos) experimentan la gracia de manera prevenients; una vez que despiertan, experimentan la gracia de una manera convincente y justificadora; y luego, finalmente, una vez que son justificados, experimentan la gracia que obra para santificar sus mentes y corazones"[7].

3. Si bien la gracia no se puede experimentar secuencialmente, los teólogos se refieren a un orden de la salvación (*ordo salutis*). No obstante, Diane LeClerc plantea un detalle importante: "Dado que a menudo esto se considera como una serie de pasos en la vida cristiana, algunos eruditos prefieren *via salutis*, o el sendero de la salvación, para enfatizar la fluidez de una etapa a otra". Diane LeClerc, *Discovering Christian Holiness: The Heart of Wesleyan-Holiness Theology* (Kansas City, MO: Beacon Hill Press of Kansas City, 2010), 315.

4. Este fue un punto importante en el último capítulo. La gracia no es una cosa, la gracia es una persona y es personal. Tom Noble sugiere que la tendencia a tratar la gracia como una fuerza o sustancia objetiva proviene del agustinismo medieval. Surgieron diferentes tipos de gracia que se podían infundir en los cristianos. La tendencia se expandió en el escolasticismo protestante del siglo XVII. "Ese modelo escolástico de la gracia conlleva sus propios problemas, particularmente una tendencia a despersonalizar la acción de Dios, reemplazando la acción personal del Espíritu con esta sustancia impersonal llamada 'gracia'". T. A. Noble, *Holy Trinity: Holy People: The Theology of Christian Perfecting* (Eugene, OR: Cascade Books, 2013), 100.

5. Jack Jackson, *Offering Christ: John Wesley's Evangelistic Vision* (Nashville: Kingswood Books, 2017), 53.

6. John Wesley, Sermon 110, "Free Grace", *Sermons III: 71-114*, vol. 3 en *The Bicentennial Edition of the Works of John Wesley* (Nashville: Abingdon Press, 1986), 3.544, par. 1.

7. Jackson, *Offering Christ*, 53.

Jackson describe la teología de Wesley de una manera hermosa. Su descripción es lógica y a la vez flexible, haciendo una distinción entre la gracia como una cosa y la gracia como una experiencia relacional que incluye circunstancias y experiencias de la vida, citas divinas y momentos providenciales. La gracia es una persona y se extiende de manera personal.

Con eso en mente, ofrecemos los siguientes temas que nos ayudarán a comprender mejor cómo experimentamos muchas veces el amor de Dios mientras recorremos el sendero en la gracia. Vale la pena resaltar que estos no son diferentes tipos de gracia, más bien son las diferentes formas en que podemos experimentar a Dios como la gracia Personificada en el transcurso de nuestras vidas.[8]

- La gracia que nos busca
- La gracia salvadora
- La gracia santificadora
- La gracia sustentadora
- La gracia suficiente

En los capítulos siguientes, examinaremos cada uno de estos temas de una manera detallada desde la perspectiva bíblica, teológica y experiencial. Comenzamos aquí con la gracia que nos busca.

La gracia que va delante de nosotros

La gracia de Dios no comienza en el momento de nuestra salvación, incluso precede el estado en el que somos conscientes de nuestra necesidad de Dios. No buscamos naturalmente a Dios; en cambio,

---

8. Si seguimos la comprensión de William Greathouse y H. Ray Dunning de "salvación" como un término teológico que tiene connotaciones amplias: "[La salvación] abarca toda la obra de Dios con el fin de restaurar al hombre a su estado que perdió. Comenzando con la salvación inicial, ella incluye todos los aspectos de esa restauración hasta e incluyendo la salvación final o 'glorificación'". William M. Greathouse and H. Ray Dunning, *An Introduction to Wesleyan Theology* (Kansas City, MO: Beacon Hill Press of Kansas City, 1982), 75. Además, Greathouse y Dunning explican que la salvación no se encuentra en un evento o experiencia singular: "El Nuevo Testamento habla de la salvación en tres tiempos: pasado (ha sido), presente (está siendo) y futuro (será)".

Dios nos busca a nosotros. El término teológico que usamos para describir la acción por la cual Dios nos atrae más cerca de Él es la gracia preveniente. La gracia preveniente simplemente significa que Dios viene a nosotros antes de que nosotros vayamos a Dios. La gracia de Dios nos busca y llega a donde estamos.

Los cristianos a veces comienzan a compartir el testimonio de su experiencia de conversión con una declaración de cómo "vinieron a Cristo" a tal edad y en cierto lugar. Estos son intentos sinceros en los que las personas tratan de relatar el momento y lugar específicos de su encuentro con Dios y en donde experimentaron el nuevo nacimiento en Cristo. Sin embargo, la frase "vine a Cristo" carece de precisión porque nadie viene a Jesucristo. Jesucristo viene a nosotros. En una carta muy importante escrita a los primeros cristianos gentiles, el apóstol Pablo dice: "Estabais muertos en vuestros delitos y pecados, en los cuales anduvisteis en otro tiempo, siguiendo la corriente de este mundo. Pero Dios, que es rico en misericordia, por su gran amor con que nos amó, aun estando nosotros muertos en pecados, nos dio vida juntamente con Cristo (por gracia sois salvos)" (Efesios 2.1-2, 4-5). Preste atención a una palabra que Pablo repite para darle un énfasis especial: muerto. Pablo toma esta palabra muy en serio. Él no dice que estábamos "enfermos" en nuestros pecados o "atrapados" en nuestros pecados. No, estábamos muertos en nuestros pecados.

Según la Biblia, hay tres tipos de muerte: física, espiritual y eterna. Pablo está describiendo la muerte espiritual. Vivíamos y respirábamos mecánicamente, pero estábamos espiritualmente muertos a causa del pecado. Una persona puede caminar y estar viva físicamente pero por dentro pueda que no responda a las cosas espirituales porque carece de sensación espiritual. Es por eso que alguien que está espiritualmente muerto no responde a la verdad espiritual. Sería como esperar que un muerto tuviera activo el sentido del olfato. Las personas muertas no responden, están desconectadas de los demás y desconocen su entorno.

Pablo dice que todos vivíamos en una condición de zombie, en otras palabras, como muertos vivientes. Así como los muertos no pueden responder a estímulos externos, ninguna persona espiritualmente muerta puede "venir a Cristo" por sus propias fuerzas. La ayuda debe venir del exterior. Por eso, según Pablo y otros personajes en las Escrituras, Dios interviene en nuestra situación desesperada y hace algo que no podemos hacer por nosotros mismos: Dios viene a donde estamos. Por el poder del Espíritu Santo, Dios se acerca a nosotros y despierta nuestras sensibilidades espirituales. Esta realidad nos lleva a un pensamiento profundo: incluso nuestra capacidad de responder a los estímulos de Dios es posible solamente por la gracia preveniente de Dios que ya nos ha encontrado. Tenemos la libertad de responderle a Dios solamente porque Él ha liberado nuestra conciencia espiritual para que podamos hacerlo. El mover de la gracia en nosotros precede a cualquier respuesta que podamos tener ante Dios.

"La bella durmiente" es un famoso cuento de hadas sobre una princesa que estaba bajo el hechizo encantado de una reina malvada. La princesa permanece en un estado de sueño perpetuo y la única forma en que puede despertar es si su príncipe llega y la besa. Este beso la despertará de su estado de coma y la rescatará de su desesperada condición. Aunque es solo un cuento de hadas, simboliza el funcionamiento de la gracia preveniente. La Biblia dice que cada alma humana está en un estado de sueño de muerte espiritual, y que somos incapaces de tener conciencia espiritual. Luego viene el Príncipe y nos besa, el hechizo se rompe y despertamos a nuevas realidades previamente desconocidas. Así como el padre enfermo de amor de Lucas 15 corre hacia su hijo en desgracia al final del camino, este beso representa la gracia preveniente. Lea nuevamente las palabras de esta parábola conmovedora a través del lente de la gracia preveniente: "Y levantándose, vino a su padre. Y cuando aún estaba lejos, lo vio su padre, y fue movido a misericordia, y corrió, y se echó sobre su cuello, y le besó, 'porque este mi hijo muerto era, y ha revivido; se había perdido, y es hallado'. Y comenzaron a regocijarse" (Lucas 15.20, 24).

Juan Wesley y la gracia preveniente

Nuestro antepasado teológico Juan Wesley tenía mucho que decir sobre la gracia preveniente. Si bien no creía que el verdadero discipulado comenzara antes de la conversión, Wesley sostuvo que la gracia de Dios obra con antelación, provocando en las personas el deseo de comenzar a buscar a Dios; siendo este deseo la marca del despertar.[9] Buscamos a Dios solo porque Él nos busca primero.

Juan Wesley no fue el primero en adoptar la idea del poder de la gracia preveniente que se extiende a todas las personas, pero sin duda alguna él agregó su propia distinción en el orden de salvación.[10] A veces, refiriéndose a ella como "gracia preventiva", Wesley creía que desde el nacimiento, la gracia de Dios está activa en todas las personas, buscando atraerlas a la vida eterna en Jesucristo. Esto aplica incluso si nunca han escuchado la proclamación del evangelio. La presencia y acción previa de Dios a través del Espíritu Santo es la gracia que "precede" a la acción de escuchar las buenas nuevas, el despertar espiritual y la conversión.

Ninguna persona es ajena a la gracia de Dios, y todos son el objeto de atracción del Espíritu de Jesús. Como seres humanos caídos, "muertos en nuestras transgresiones y pecados" (Efesios 2.1), somos incapaces de venir a Dios por nuestras propias fuerzas. Por lo tanto, Dios es siempre el primero en todas las escenas: en el despertar, la conversión y la transformación de la vida. A la actividad inicial del

---

9. Jackson, *Offering Christ*, 43-44. Véase también Randy Maddox, *Responsible Grace: John Wesley's Practical Theology* (Nashville: Kingswood, 1994), 8.

10. En la tradición católica, la "gracia actual" se divide en dos partes: "gracia preveniente operativa" y "gracia subsiguiente cooperante".

Espíritu Santo le llamamos "preveniente" porque siempre precede a nuestra respuesta. Uno puede llegar a tener fe en Jesucristo, pero nadie "viene a Cristo" a menos que Dios primero lo atraiga y propicie que esto suceda. Jesús les dijo a sus discípulos que esa sería la obra del Espíritu Santo (Juan 16.5-15; véase también Juan 6.44).

Como dice Lovett Weems, "Dios nos busca antes de que nosotros busquemos a Dios. La iniciativa de salvación reposa en Dios desde el principio. Antes de que demos el primer paso, Dios ya está allí"[11]. La gracia no es irresistible, pero ninguna persona se queda sin la invitación a una relación personal con Dios. Para los adeptos de la tradición wesleyana de santidad esto significa que, cuando compartimos el evangelio con alguien, nunca nos encontraremos en un ámbito de moralidad neutral. No hay ninguna persona que conozcamos que no haya sido afectada por la gracia preveniente. Ciertamente, algunos mostrarán mayor resistencia o receptividad que otros, pero podemos estar seguros de que Dios ha estado activo fielmente en sus vidas mucho antes de que lleguemos a la escena. El príncipe ha precedido nuestra entrada a la escena de sus vidas.

La oferta de la salvación de Dios no es coercitiva. Por su naturaleza, el amor recíproco (la base de una verdadera relación) requiere la libertad de aceptar o rechazar el ofrecimiento del amor. Sin embargo, la gracia preveniente no solo precede a nuestra respuesta sino también permite que respondamos. Este es el orden de la redención y el comienzo del discipulado. Dios inicia; nosotros respondemos. La gracia siempre va primero

Reflejamos en lo exterior lo que Dios obra en nuestro interior

Todo el Nuevo Testamento testifica, y los escritos del apóstol Pablo hacen un énfasis especial en que "cuando una persona ha

---

11. Lovett H. Weems, Jr., *John Wesley's Message Today* (Nashville: Abingdon Press, 1991), 23.

reconocido por fe a Jesús como el Señor resucitado, ese evento en sí es una señal de la obra del Espíritu; y si el Espíritu ha comenzado esa 'buena obra' de la cual esa fe es el primer fruto, podemos confiar en que el Espíritu completará esa obra"[12]. Sin embargo, esta confianza no anula la importancia de la participación humana. Toda relación implica cooperación.

Pablo hace énfasis en quién es el autor y consumador del sendero en la gracia: "Estando persuadido de esto, que el que comenzó en vosotros la buena obra, la perfeccionará hasta el día de Jesucristo" (Filipenses 1.6)[13]. Además, el mandato para el discípulo (y la iglesia) de Jesús es "ocupaos en vuestra salvación con temor y temblor; porque Dios es el que en vosotros produce así el querer como el hacer, por su buena voluntad" (2.12-13)[14]. Por gracia, debemos reflejar en el mundo la obra que Dios está haciendo dentro de nosotros. Hay multitud de ejemplos bíblicos que nos sirven de referencia.

Dios vino a Abraham en un lugar llamado Ur de los caldeos (ahora llamado Irán). Dios inició el llamado: "Y haré de ti una nación grande, y te bendeciré, y engrandeceré tu nombre, y serás bendición". (Génesis 12.2). ¿Quién llegó primero? Dios. ¿Quién comenzó la buena obra en Abraham? Dios. Sin embargo, Abraham tuvo que responder en obediencia para reflejar al mundo la obra que Dios estaba haciendo dentro de él. Dios vino a Jacob en un sueño en donde le revelaba una escalera al cielo (Génesis 28.10-22) y luego luchó con Jacob en el río Jaboc (32.22-32). ¿Quién llegó primero? Dios. ¿Quién comenzó la buena obra en Jacob? Dios. Sin embargo, Jacob tuvo que reflejar a los demás la obra que Dios estaba haciendo dentro de él.

---

12. N. T. Wright, *Paul: A Biography* (San Francisco: HarperOne, 2018), 96.

13. Note que Dios es tanto el iniciador como el habilitador en el sendero en la gracia.

14. Añado aquí "la iglesia" porque la palabra "tú" está en plural.

N.T. (En inglés el pronombre "you" puede usarse en singular, tú, o en plural, ustedes. El autor usó la palabra "iglesia" para evitar ambigüedades en el idioma inglés; cabe resaltar que esta ambigüedad no aplica en el idioma español).

Moisés estaba en medio de la nada. Dios vino a él a través de una zarza ardiente y lo llamó para rescatar a su pueblo de la esclavitud en Egipto (Éxodo 3.1—4.17). ¿Quién llegó primero? Dios. ¿Quién comenzó la buena obra en Moisés? Dios. Sin embargo, Moisés tuvo reflejar ante los demás la obra que Dios estaba haciendo dentro de él.

El Cristo vivo se le apareció a Saulo (o lo agredió) en el camino a Damasco (Hechos 9.1-19). Saulo no estaba buscando a Dios sino que estaba en una misión persiguiendo a los cristianos. ¿Quién llegó primero? Dios. ¿Quién comenzó la buena obra en Saulo (que pronto se convirtió en Pablo, misionero a los gentiles)? Dios. Sin embargo, como más tarde diría Pablo en su carta a la iglesia de Filipos, él tuvo que reflejar al mundo lo que Dios estaba haciendo dentro de él.

El eunuco de África que se encontraba en un camino desértico en Judea (Hechos 8), Cornelio a través de una visión a las tres de la tarde (Hechos 10), Lidia junto al río (Hechos 16): ¿qué tienen estos pasajes en común? Estas y muchas otras historias similares nos hablan de personas que respondieron dando un paso de fe en pos del Dios que primero llegó a ellos. Todos ellos fueron el reflejo de la obra que Dios estaba haciendo dentro de ellos.

Hay un patrón consistente en el que Dios obra con Su gracia preveniente y en el que las personas responden con fe. El famoso misiólogo británico Lesslie Newbigin dijo: "La fe es la mano que se aferra a la obra que Cristo ya ha completado y la hace suya". No es que se elimine la necesidad de una respuesta, pero la gracia preveniente siempre va primero. Incluso Agustín, que fue un firme defensor de la predestinación, afirmó: "Dios, que te creó sin ti, no te salvará sin ti".[15]

15. Citado en John Wesley, *The Works of the Rev. John Wesley* (Kansas City, MO: Nazarene Publishing House, s.f.; y Grand Rapids: Zondervan Publishing House, 1958, ediciones concurrentes), VI, 513.

Gracia providencial y gracia preveniente

Existe una diferencia entre la gracia providencial y la gracia preveniente. La providencia es la manera en que Dios le brinda sustento y provisión a su creación, incluidos los seres humanos.[16] Dios "provee" o "se encarga" (Génesis 22.8, 14) de lo necesario para sostener al mundo y de proveerles a las personas de manera individual.

La manera en que la providencia de Dios se intersecta con la vida de cada persona es profundamente misteriosa. Cuándo y dónde y en qué familia nace una persona es una cuestión de providencia. Por qué una persona nació en una familia hindú en India en 1765, mientras que otra persona nació en una familia cristiana en Mozambique en 2020, son cuestiones de providencia. La providencia de Dios conlleva diversos grados de responsabilidad espiritual. Aquellos que cuenten con la oportunidad de escuchar el evangelio en el transcurso de su vida serán juzgados de manera diferente a quienes nunca ha escuchado el nombre de Jesús. La parábola de Jesús del siervo fiel y sabio va más allá de las posesiones materiales: implica la mayordomía de la gracia de Dios. "Porque a todo aquel a quien se haya dado mucho, mucho se le demandará; y al que mucho se le haya confiado, más se le pedirá" (Lucas 12.48). No a todos se les ha dado la misma oportunidad ni las mismas condiciones para salir adelante. Algunos reciben más y otros reciben menos. Al don de haber recibido "más" le acompaña una mayor responsabilidad de responder. Estos son asuntos de divina providencia.

Si la gracia providencial es el lugar donde Dios nos coloca, la gracia preveniente describe las formas multifacéticas en que Dios nos encuentra. Todos reciben la misma gracia que precede a la salvación. Sin embargo, las oportunidades de respuesta difieren. Dios es

---

16. La palabra "providencia" proviene de dos palabras latinas: *pro*, que significa "adelante" o "en nombre de"; y *videre*, que significa "ver". La providencia a veces se distingue en dos categorías: "providencia general", el cuidado de Dios por el universo; y "providencia especial", la intervención de Dios en la vida de las personas.

persistente y paciente para llegar a todas las personas. Esta creencia distingue al cristianismo de otras religiones del mundo que enseñan que Dios solamente responderá si los humanos primero se acercan a Dios. El cristianismo invierte el orden: Dios siempre actúa primero, haciendo posible que exista una respuesta.

Dios inicia la buena obra de gracia y paz. La redención y la nueva creación siempre comienzan con la iniciativa de Dios. La muestra más clara de esto es que el Padre envió a Jesucristo al mundo. Dios siempre actúa primero. El Espíritu Santo de Dios causa un despertar en las personas de la necesidad de ser salvos, las convence del pecado y aplica la expiación de Cristo cuando responden con fe.

Para Juan Wesley, el despertar espiritual era más que un simple estado de conciencia: "No hay persona alguna, a menos que haya apagado el Espíritu, que se encuentre completamente desprovista de la gracia de Dios. No hay persona viviente que esté completamente destituida de lo que vulgarmente se llama la conciencia natural. Todo ser humano tiene una medida mayor o menor de esa luz… que ilumina a cada ser humano que viene al mundo. Y cada uno… se siente más o menos incómodo cuando actúa en contra de la luz de su propia conciencia. Así que nadie peca porque no tenga gracia, sino porque no usa la gracia que tiene"[17]. Una conciencia inquieta, una mayor sensibilidad a lo correcto e incorrecto, y el despertar de la conciencia espiritual, son los regalos que Dios les da a todos por gracia. Esta creencia tiene implicaciones importantes para el evangelismo según la tradición wesleyana.

Gracia preveniente y evangelismo

Una vez me reuní con un grupo de pastores cristianos que vivían en un lugar donde era difícil seguir a Cristo. El cristianismo era legal, pero las leyes nacionales eran muy estrictas contra el proselitismo de

---

17. Wesley, *Works*, VI, 512.

una fe a otra. El evangelismo cristiano abierto era castigado severamente con encarcelamiento e incluso la muerte. Les pregunté a los pastores cómo practicaban el evangelismo en un ambiente tan hostil y peligroso. Después de unos momentos de silencio, un pastor respondió: "Sueños". No entendí, así que le pedí que me explicara. "No docenas, sino cientos de nuestros vecinos están teniendo sueños en la noche. El Cristo resucitado se les aparece en toda su belleza y majestad. Cuando despiertan, vienen para hacernos preguntas. 'Cuéntenos sobre este hombre que viene a nosotros en la noche'. Cuando nos preguntan, nuestra obligación es responder. No estamos evangelizando. Simplemente les estamos dando testimonio de las experiencias que ellos mismos han vivido. Muchos de ellos están entregando sus vidas a Cristo de esa manera".

En los lugares donde la iglesia encuentra las puertas cerradas, el Espíritu de Dios va delante de nosotros. La gracia preveniente de Dios no conoce límites ni barreras. El amor de Dios alcanza inexorablemente incluso a las personas más difíciles, resistentes y hostiles. Pueda que nunca respondan en obediencia por fe, pero no pueden escapar la omnipresencia del Dios que no dejará de amarlos y atraerlos.

Esta historia se repite una y otra vez en las presentaciones de la *Película JESÚS*. Esta película narra dramáticamente la vida de Cristo y ha sido un instrumento efectivo de la gracia en la vida de miles de personas alrededor del mundo. La película ha sido proyectada en áreas remotas donde las personas nunca han escuchado el nombre de Jesús. Cuenta una historia que el jefe de una tribu se puso de pie durante una presentación y dijo: "¡Alto! ¡Conocemos a este hombre! Se le apareció a nuestros antepasados hace muchos años y les reveló esta historia de salvación. Dijo que un día alguien vendría a decirnos su nombre. Y ahora sabemos que se llama Jesús". Si bien este es solamente un ejemplo de otras historias similares, aquí podemos ver cómo el Espíritu de Dios (como siempre es el caso) va mucho más adelante de la iglesia. El Espíritu Santo ya se encontraba cultivando la tierra de los corazones de las personas para que recibieran el evangelio. La gracia preveniente y el diseño providencial de Dios se interceptaron mucho antes de que llegara la iglesia a proclamar las buenas nuevas. Como resultado, a menudo la tribu entera pone su fe en Cristo.

El evangelismo cristiano no es un acto solitario ni un momento solitario. Ocurre a través de las interacciones relacionales orquestadas por el Espíritu Santo, quien siempre va gentilmente por delante. Ningún cristiano puede mirar por el espejo retrovisor de la vida sin identificar las maravillosas formas en que Dios ha actuado para despertarlos y llevarlos al arrepentimiento y la fe en Cristo Jesús.

Mi padre se convirtió al cristianismo en su adolescencia a través de padres adoptivos nazarenos. Yo me convertí en cristiano a través del ejemplo de padres cristianos y un grupo de hombres que se reunían fielmente todos los miércoles por la mañana para orar específicamente por mi salvación. Su recorrido por el sendero en la gracia es único y personal pero el común denominador para todos es que Dios siempre va por delante.

Mi amigo Stephane era ateo y asistía a una universidad en Alemania donde estudiaba ciencias robóticas. Su tío, quien era ateo le contó sobre una película llamada *The Mission (La Misión)*. Lo animó a ver la película debido a la "actuación impecable y sus hermosos paisajes". La película se remonta al siglo XVIII, en las selvas del noreste de Argentina. Los jesuitas españoles habían establecido una misión para alcanzar a las tribus indígenas guaraníes para Cristo.

Stephane alquiló la película. A él le conmovió especialmente una escena en la que un comerciante de esclavos y mercenario, llamado Rodrigo Mendoza, va escalando una montaña empinada tras una cascada. Atado a su espalda llevaba un bulto en el que se encontraban las herramientas de su oficio: su armadura y sus espadas. Él se encontraba haciendo penitencia a causa de sus muchos pecados. Cuando

Mendoza llegó a la cima del precipicio, un guerrero de la tribu, al que Mendoza había secuestrado y vendido como esclavo, saltó en dirección a él sosteniendo un cuchillo como para cortarle la garganta a Mendoza. Después de dudar un momento, el miembro de la tribu corta la cuerda de los hombros de Mendoza y envía la pesada carga al fondo de la cascada. De repente, Mendoza se dio cuenta de que algo había cambiado en este joven guerrero que lo había llevado de tener una sed de venganza a una disposición de mostrar misericordia.

Agotado y cubierto de fango, Mendoza cayó al suelo y comenzó a llorar descontroladamente, no por las lágrimas de remordimiento sino por la alegría que brotaba de la paz interior. Le ofrecieron santuario en el pueblo y le dieron la bienvenida a su comunidad. Finalmente, Mendoza tomó el hábito de sacerdote jesuita.

Más tarde, Mendoza recibió un libro del que leyó un pasaje sobre el significado del amor. Stephane no conocía la fuente de dónde provenían esas palabras, pero cuenta que eran las palabras más poéticas y hermosas que había escuchado. Tanto capturaron su atención que observó la escena repetidamente y meticulosamente. Escribió las palabras para no olvidarlas. Luego fue a una biblioteca para investigar la fuente del poema. Para su sorpresa, las palabras eran de la Biblia. Leyó repetidamente 1 Corintios 13: "el capítulo del amor".

Poco tiempo después, Stephane mostró un interés romántico por una compañera de la universidad. Una noche ella invitó a Stephane a lo que llamaba un "club". Resultó ser un estudio bíblico. Stephane aprendió el Padre Nuestro y como científico creía en la experimentación para determinar los resultados lógicos. Stephane descubrió que, cada vez que recitaba el Padre Nuestro antes de acostarse, experimentaba paz y descanso. Pronto comenzó a orar antes de acostarse todas las noches. Él estaba siendo despertado por un amor que lo buscaba y la gracia que lo seguiría acompañando.

El Dios misionero comenzó a responder las oraciones de un joven ateo y fue así como Stephane descubrió el esplendor del amor de Dios a través de una película que contenía "una actuación impecable y hermosos paisajes". Stephane respondió a la gracia que va por delante. Él confesó su fe en Cristo y comenzó a ser un reflejo de la obra que Dios estaba haciendo en su interior. Stephane es ahora un misionero en la Iglesia del Nazareno. Tal es la gracia preveniente de Dios que conduce al arrepentimiento y la transformación.

La creencia en el poder de la gracia preveniente hace imposible que nos desanimemos por alguien que aún no se ha convertido en cristiano. Nunca debemos perder la esperanza de salvación de una persona, porque Dios no lo hace. La confianza de los evangelistas no descansa en sí mismos ni en la capacidad de quienes escuchan el evangelio. Más bien, nuestra absoluta confianza es que el amor de Dios es para todos. Es extravagante (Efesios 1.7), implacable e inmutable. Es suficiente para completar lo que Dios comienza. ¡Las citas divinas están esperando!

¿Hasta dónde llegará Dios para alcanzar a una persona? He llegado a apreciar la letra de la canción de 2017 de Cory Asbury "Reckless Love" (Amor sin condición), sobre la gracia de Dios que nos busca. La canción habla sobre la gracia de Dios en la vida del cantante "antes de decir una palabra" y "antes de tomar un respiro". Describe el "amor abrumador, interminable y sin condiciones de Dios" que "me persigue, lucha hasta que me encuentra, deja las noventa y nueve". El coro dice así:

No hay sombra que no alumbres
Monte que no escales
Para encontrarme a mí
No hay pared que no derrumbes
Mentira que no rompas

Para encontrarme a mí.[18]

Inmenso. Eterno. Así de lejos está dispuesto Dios a ir por una persona.

18. Algunos han expresado su preocupación por el uso de la palabra "imprudente" en esta canción. Si su significado es descuidado, sería problemático; pero si significa audaz, sorprendente y extravagante, se estaría acercando a describir el amor de Dios.

N.T.: El titulo de la canción *Reckless Love*, "Amor sin condición" es una traducción libre mas no literal del vocablo *reckless*. Una traducción más literal, como lo describe el autor, sería "Amor arriesgado".

LA VERDAD

A través de la gracia salvadora, Jesús nos rescata del pecado y nos conduce a la verdad que nos hace libres.

3
LA GRACIA SALVADORA

Porque la paga del pecado es muerte: mas la dádiva de
Dios es vida eterna en Cristo Jesús Señor nuestro.
—Romanos 3.23

Un periodista deportivo le preguntó una vez al famoso golfista Jack Nicklaus que identificara el problema más común para los golfistas aficionados. Esperando que hiciera mención de la falta de práctica o de la inconsistencia a la hora de golpear la pelota, me sorprendió cuando Nicklaus respondió: "el exceso de confianza". Pensar que son mejores de lo que realmente son o que pueden hacer más de lo que realmente pueden. Creo que puedo hacer que la pelota pase entre esos dos árboles. Estoy casi seguro que puedo hacer que la pelota pase al otro lado del agua. Eso es exceso de confianza.

La gente lo hace todo el tiempo. Sobrestiman enormemente sus habilidades y subestiman sus limitaciones. Sin embargo, no hay otro ámbito en donde el problema de la confianza excesiva suceda con mayor frecuencia que en el espiritual. Sobrestimamos enormemente nuestra fortaleza espiritual y subestimamos nuestra debilidad espiritual.

Moralismo

Esta tendencia a sobrestimarse espiritualmente se llama moralismo. El moralismo es la creencia farisaica que asume que todo está bien espiritualmente porque uno lleva una vida moral decente y porque su comportamiento ha mejorado. Dicho de otra manera, un moralista es alguien que cree que se salva por lo bueno que hace y lo malo que evita.

Todos los moralistas dicen cosas similares: "No soy la Madre Teresa, pero tampoco soy tan malo. Me gano la vida honestamente. Pago mis deudas. No engaño a mi cónyuge. Voto con responsabilidad. Doy parte de mi dinero a obras de caridad. No soy un fanático espiritual, pero tampoco soy tan malo". En otras palabras, los moralistas han adoptado la forma de pensar que en el día del juicio Dios tomará en cuenta que el peso de sus obras buenas supera al de las malas, especialmente en comparación con "otras" personas (asesinos en serie, violadores, traficantes de drogas, etc.) que son mucho peores. El moralismo ha proliferado en nuestro mundo hoy.

En 2004, la organización Gallup realizó una encuesta con el propósito de saber qué creen los estadounidenses sobre el cielo. Lo que realmente me llamó la atención fue la cantidad de personas que creen que irán al cielo: el 77 por ciento de los que dijeron que creían en el cielo calificaron sus posibilidades de llegar como "buenas" o "excelentes". Sin embargo, según los encuestados, solo seis de cada diez de sus amigos irán al cielo. Lo que me llamó más la atención, especialmente desde el punto de vista moralista, es que muchas de las personas en la encuesta afirmaron la creencia de que "hay un cielo donde las personas que han llevado una buena vida son eternamente recompensadas".[1] Hago hincapié en "llevar buenas vidas" para señalar que la

---

1. Albert L. Winseman, "Eternal Destinations: Americans Believe in Heaven, Hell," May 25, 2004, https://news.gallup.com/poll/11770/eternal-destinations-americans-believe-heaven-hell.aspx.

mayoría de las personas creen que irán al cielo cuando mueran debido a sus "buenas vidas" y su "comportamiento moral". Diana, la princesa de Gales, murió en 1997. Fue una pérdida trágica para muchos en todo el mundo. La atención de los medios y el duelo público fueron extensos debido a su popularidad internacional. Recuerdo haber escuchado a la gente hablar sobre lo reconfortante que era saber que Diana estaba ahora en el cielo, que era un ángel que los cuidaba y que el cielo era un mejor lugar para ella que este mundo. No estoy sugiriendo que Diana no esté en el cielo, pero me llama la atención el razonamiento que tantas personas usan para decir que ella está allí. Por todo lo que puedo observar, ella era una persona amable y compasiva que utilizó su considerable influencia para bien. Trabajó con los pobres, abogó por los pacientes con SIDA y su activismo ayudó a crear una concientización para favorecer a los niños y los jóvenes. Es bueno ser recordado por todas estas cosas, pero ¿son ellas las que nos salvan? ¿Es suficiente ser bueno o hacer el bien para ser salvo, ir al cielo y recibir la recompensa eterna?

Vivimos en una era de opiniones diversas en relación a estas preguntas. Muchas personas sostienen que Dios ayudará a todos a que "pasen el examen" y que con una "ayudadita" uno puede llegar muy lejos. Si podemos acumular más cosas en la columna "buena" que en la columna "mala", de alguna manera la balanza será ponderada a nuestro favor, y nuestras vidas bastante buenas y nuestros esfuerzos honestos compensarán con creces la diferencia. Eso es moralismo.

Sin embargo, la palabra de Dios es clara en este punto: no somos salvos por nuestros esfuerzos; no somos salvos por nuestra bondad; no somos salvos por nuestras intenciones. Somos salvos por gracia, y la gracia nos llega desde afuera. La gracia salvadora viene de Dios en la persona de Jesucristo.

La expiación

La cruz es quizás el símbolo más conocido y reconocido en el mundo de hoy. Cuando vemos la cruz, la crucifixión nos recuerda la vida y la muerte de Jesús. La crucifixión era la forma de ejecución más horrenda y tortuosa jamás inventada por la humanidad. Por esa razón, a una persona del primer siglo le resultaría extraño ver a las personas de nuestro tiempo llevando una cruz en una cadena alrededor del cuello. Si hoy viéramos a una persona usando la imagen de una silla eléctrica en un collar, nos parecería extraño porque representa un medio de castigo y muerte. Ese era el significado de la cruz para las personas del primer siglo. Era vergonzoso y desagradable. Era el destino de los criminales empedernidos e insurgentes. La crucifixión era un castigo tan espantoso que se creó una palabra para explicarla [en el idioma inglés]. En el idioma inglés la palabra *"excruciating"* (atroz) significa literalmente "de la cruz".

La muerte por crucifixión era una forma lenta, agonizante y pública de morir. No sucedía en la oscuridad. Aquellos que eran crucificados eran objeto de burlas y abucheos. La multitud que observaba arrojaba piedras y se mofaban de los que colgaban de una cruz; mientras aquellos lentamente entraban a un estado de respiración profunda y laboriosa para recuperar el aliento. Finalmente morían por asfixia porque, mientras colgaban suspendidos, sus pulmones tenían dificultades para continuar operando. A veces tomaba varios días para que alguien finalmente sucumbiera, y para colmo a los que eran crucificados no se les daba un entierro humano. En cambio, muchas veces los dejaban para que las aves desmenuzaran su carne. Después de haber dejado pasar suficiente tiempo para que los muertos sirvieran de ejemplo para cualquiera que desafiara al Imperio romano, bajaban lo que quedaba del cadáver y lo arrojaban al basurero municipal.

No olvidemos que Jesús fue crucificado en la cruz que le correspondía como castigo a un criminal, lo que me lleva a decir algo que nuestros días me parece muy peculiar: los cristianos declaramos que estas son buenas noticias. De hecho, decimos que es la mejor noticia que hemos escuchado. La palabra que la Biblia elige para expresar esta buena noticia es "evangelio". La cruz es nuestro evangelio, nuestras buenas noticias.

En el resumen más conciso del evangelio en el Nuevo Testamento, el apóstol Pablo declaró: " Porque primeramente os he enseñado lo que asimismo recibí: Que Cristo murió..." (1 Corintios 15.3). En sí, esa no es una buena noticia, pero luego Pablo le da un significado teológico a la muerte de Cristo a través de una preposición que es sumamente importante, "por", con el propósito de llevarnos de un hecho trágico de la historia a la importancia que tiene en nuestro sendero en la gracia: "que Cristo murió *por* nuestros pecados de acuerdo con las Escrituras" Cuando se agrega el "por" se convierte en una buena noticia, la mejor noticia que hemos escuchado.

Teológicamente, la Escritura define a la expiación como "la muerte por nuestros pecados". La expiación se llevó a cabo a través de la cruz de Jesucristo. La doctrina de la expiación comienza en el Antiguo Testamento. El Día de la Expiación, también llamado Yom Kippur,[2] era el día más sagrado del judaísmo antiguo. Era designado como un día de arrepentimiento y perdón.

Visualícelo en su mente. Imagínese a miles de fieles reunidos para comenzar el año y para recibir la expiación por sus pecados y conmemorar la misericordia de Dios. Ese día, el sumo sacerdote, que representaba a todo el pueblo, traía dos chivos. Un chivo era sacrificado, como una ofrenda por el pecado para la expiación. Se derramaba la sangre y el animal moría. Romanos 6.23 nos dice que "la paga del pecado es muerte", y Hebreos 9.22 nos recuerda que "sin derramamiento de sangre no se hace remisión".

---

2. Yom = "día"; Kippur = "para expiar; limpiar".

El primer chivo moría según la ley. Sin embargo, al segundo chivo lo dejaban vivo y se llamaba el chivo expiatorio. El sumo sacerdote ponía sus manos sobre la cabeza del chivo expiatorio y confesaba sobre él toda la maldad y los pecados de los israelitas. Simbólicamente, esos pecados eran transferidos y colocados en la cabeza del chivo. Luego, era conducido al desierto a un lugar solitario donde los pecados del pueblo podían ser llevados lejos y fuera de la vista.[3]

Ese ritual continuaba año tras año, década tras década (ver Hebreos 10.3-4). La sangre fluía. Miles de animales fueron sacrificados en un ciclo interminable de expiación para lidiar con los pecados de la gente. Ese es el contexto de fondo en el que Jesús vivió y ministró. Antes de considerar cómo la muerte de Jesús en la cruz hizo expiación por todos los pecados, haciendo posible la gracia salvadora, consideremos primero dos preguntas fundamentales: ¿Qué es el pecado? ¿Por qué necesitamos expiación del pecado?

¿Qué es el pecado?

Primero, el pecado es rebelión. Quizás la definición más reconocible de pecado proviene de Juan Wesley: "una transgresión voluntaria de una ley conocida de Dios".[4] El pecado es algo conocido y voluntario, algo que sabemos que está mal, pero de todos modos lo hacemos porque podemos. Es desobediencia voluntaria.

Cuando 1 Juan 3.4 nos dice que "Todo aquel que comete pecado, infringe también la ley; pues el pecado es infracción de la ley". Tiene que ver con la actitud detrás de la infracción de la ley. Una analogía puede arrojar mayor luz. Una cosa es conducir por encima del límite de velocidad porque usted no sabía cuál era el mismo. Es posible que técnicamente haya infringido la ley, pero no está actuando con

---

3. La tradición nos dice que el designado para la tarea de liberar al chivo expiatorio era un gentil que no tenía ninguna conexión con el pueblo de Israel.

4. Wesley, *The Works of John Wesley*, vol. 12 (Kansas City, MO: Beacon Hill Press de Kansas City, 1978), 394. Ver también Santiago 4.17.

anarquía. Eso es muy diferente a una persona que diga: "Las regulaciones de límite de velocidad son ridículas y me tienen sin cuidado. Su único propósito es controlarme. Yo hago lo que quiero porque estoy a cargo de mi vida". La anarquía es la actitud rebelde detrás de la infracción de la ley: un espíritu rebelde.

Cuando mi hija menor era pequeña, no le gustaba obedecer a sus hermanos mayores cuando nosotros, sus padres, no estábamos cerca. Cuando mi esposa y yo los dejamos solos, nuestra pequeña levantaba desafiante su vocecita chillona y les decía a sus hermanos: "¡Ustedes no son mi jefe!". Aunque lo decía con la inocencia de una niña pequeña mostraba la esencia de un corazón pecaminoso, la autosoberanía. El pecado de rebelión es sacudir nuestros pequeños puños frente al Dios todopoderoso mientras le gritamos: "¡Tú no me mandas! ¡Lo haré a mi manera porque puedo! Nadie más aparte de mí, ni siquiera Dios, está a cargo de mi vida".

El pecado nos causa que no queramos aceptar nuestro papel de criaturas ante nuestro Creador. Es una declaración de independencia para convertirnos en nuestro propio dios. Esta actitud de autosoberanía no toma por sorpresa a los escritores de las Escrituras. "Todos nosotros nos descarriamos como ovejas, cada cual se apartó por su camino; mas Jehová cargó en él el pecado de todos nosotros"(Isaías 53.6). El pecado es rebelión.

Segundo, el pecado también es esclavitud. Es más que la autosoberanía de elegir hacer lo que queramos y seguir nuestro propio camino. *Hamartia* es una palabra griega que se traduce como pecado y que deriva del verbo *hamartano*, que significa "errar el blanco" o "disparar al blanco y no pegarle".[5] Aunque Aristóteles usó esta palabra por primera vez para describir el defecto trágico de un personaje principal

---

5. William Barclay, *The Gospel of Matthew*, vol. 1 (Louisville, KY: Westminster John Knox Press, 1956), 253. See also H. G. Liddell, *A Lexicon: Abridged from Liddell and Scott's Greek-English Lexicon* (Oak Harbor, WA: Logos Research Systems, Inc., 1996), 4.

del antiguo mundo griego del teatro (como el mal juicio, la ignorancia, la falta de conciencia, etc.), y también conocido como tragedia, los escritores de la iglesia primitiva y los pensadores tomaron la palabra para describir este aspecto del pecado. Así que bíblicamente, *hamartia* puede significar un acto de comisión: "Sabía que no debía hacerlo, pero lo hice de todos modos" (ver Romanos 6.1-2); o puede significar un acto de omisión: "Sabía lo que debía hacer, pero no lo hice" (Romanos 7.19; Santiago 4.17). Tanto los pecados de comisión como los de omisión no dan en el blanco.

Desde el punto de vista de los negocios se podría ver de la siguiente manera. Por un lado, quiero que Dios bendiga mi negocio, pero también quiero garantizar que mi negocio sea exitoso. Por lo tanto, podría comenzar a hacer algunas cosas en secreto para tratar de salir adelante, aunque sepa que no son éticas ni legales. Mis deseos entran en conflicto con mis acciones y son incompatibles con ellas. No puedo pedirle a Dios que bendiga mi trabajo mientras sé que estoy fuera de la voluntad moral de Dios. Eso es un pecado de comisión. Puede sacarme adelante por un tiempo, pero no tendrá el favor de Dios. La otra cara de la misma moneda es que quiero que Dios prospere mi trabajo, pero decido retener ventajas y beneficios de ley para mis empleados con tal de aumentar mis ganancias. Eso es un pecado de omisión. Sin embargo, si el pecado es saber lo que no debo hacer y hacerlo de todos modos, o saber lo que debo hacer y no hacerlo, ambos son lo mismo ante los ojos de Dios.

Hamartia también puede significar algo mucho más profundo. Más que una acción que tomamos, el pecado está arraigado en nuestra naturaleza y es la condición en la que nos encontramos.[6] Estamos

---

6. Las personas wesleyanas de santidad comprenden que el pecado implica más que una acción. Susanna Wesley es famosa por su declaración escrita en una carta a su hijo John el 8 de junio de 1725: "Adopta esta regla: todo lo que debilite tu razón, dañe la ternura de tu conciencia, oscurezca tu sentido de Dios o te quite el gusto por cosas espirituales; en resumen, cualquier cosa que aumente la fuerza y la autoridad de tu cuerpo sobre tu mente, eso te es pecado, por inocente que sea en sí mismo".

enredados en el pecado. Además de ser rebeldes por naturaleza, no tenemos la libertad de hacer lo contrario. No solo fallamos en dar en el blanco sino que tampoco podríamos dar en el blanco aunque lo intentáramos. Como personas caídas, no somos libres de hacer lo que queramos. Somos cautivos del pecado.

A menudo pensamos que nuestra rebelión significa que nadie más a parte de nosotros está a cargo de nuestras vidas, pero lo que no comprendemos es que no somos capaces de tomar esa decisión. Siempre serviremos a alguien o algo. O servimos a Dios con todo nuestro corazón, o seremos esclavos de nuestras pasiones y conductas pecaminosas. O uno o el otro será nuestro amo.

Seamos honestos: el pecado puede ser divertido. Si no fuera divertido, no sería tentador. Si no fuera agradable, no sería atractivo. Quizás deberíamos dejar de decirle a la gente cuánto van a odiar el pecado y lo aburrido que realmente es. Este no es un argumento convincente. El pecado puede ser divertido, por un tiempo. Sin embargo, eventualmente, el camino al que conduce el pecado es siempre destructivo. Las consecuencias (paga) del pecado son las que duelen. El pecado es un círculo vicioso.

Andar de fiesta en fiesta puede ser divertido, pero el lugar a donde nos puede conducir no lo es. La embriaguez no es divertida. Las resacas no son divertidas. El alcoholismo no es divertido. Las adicciones no son divertidas. Los centros de desintoxicación no son divertidos. Los accidentes de tránsito no son divertidos. El abuso conyugal no es divertido. Las familias disfuncionales no son divertidas. El pecado es un círculo vicioso que conduce a una destrucción dolorosa.

Tener relaciones sexuales extramaritales con alguien puede ser divertido. Pero su resultado no lo es. Una conciencia con culpa no es divertida. Las enfermedades de transmisión sexual no son divertidas. El divorcio no es divertido. Romper el corazón de alguien no es divertido. Mirar a sus hijos a los ojos y decirles el por qué dejas a su madre o padre no es divertido. El pecado es un círculo vicioso que conduce a una destrucción dolorosa.

La famosa historia que Jesús contó sobre el hijo pródigo es un excelente ejemplo del ciclo del pecado (ver Lucas 15.11-24). Un hijo rebelde decidió que quería tomar las riendas de su propia vida. Le dijo a su padre que quería su herencia por adelantado (en el primer siglo esto sería el equivalente a decirle a su padre que desearía que estuviera muerto), tomó todo el paquete de dinero y lo gastó todo en una vida lujosa y alocada. Le encantó este estilo de vida, por un tiempo. De repente su dinero desapareció, y también sus amigos. El hijo se encontró en un lugar que nunca soñó que estaría: destrozado, humillado y viviendo en la pocilga. El pecado es un círculo vicioso que conduce a una destrucción dolorosa.

Quizás esto es lo que Jesús quiso decir cuando dijo: "Entrad por la puerta estrecha; porque ancha es la puerta, y espacioso el camino que lleva a la perdición, y muchos son los que entran por ella" (Mateo 7.13).

De aquí parte la gran lucha de nuestra naturaleza pecaminosa: hasta que nuestra naturaleza cambie, amaremos el pecado más de lo que amamos a Dios porque estamos esclavizados por el pecado, es decir, somos esclavos de su poder.[7] Ninguna cantidad de buenas intenciones o trabajo duro, ningún moralismo humanista nos va a liberar por completo. El pecado es esclavitud.

Finalmente, el pecado es alejamiento. "Alejamiento" no es una palabra que solemos usar, pero cuando lo hacemos, la usamos para indicar que algo ha salido mal en una relación. El pecado no es solo romper una regla o transgredir una ley; también es dañar una relación. El pecado separa a las personas de Dios y de los demás. En

---

7. Geoffrey Bromiley señala el hecho interesante de que la Biblia a menudo "personifica" el pecado para resaltar el poder y el control que este puede tener sobre nuestras vidas. Bromiley, *Theological Dictionary of the New Testament: Abridged in One Volume* (Grand Rapids: Eerdmans, 1985), 4.

el primer acto de pecado registrado, nuestros ancestros espirituales Adán y Eva desobedecieron a Dios. Cuando lo hicieron, inmediatamente supieron que hubo una ruptura en su relación con Dios. Sus ojos se abrieron y se dieron cuenta de que estaban desnudos. Eso significó más que un reconocimiento de que estaban desnudos. Se sentían avergonzados y vulnerables; se sentían débiles y alienados; se sentían expuestos. Hasta ese momento, solo habían conocido la comunión amorosa con Dios, pero en el momento de haber pecado sintieron la separación de Dios. Sintieron el alejamiento. Su comunión se rompió y sus almas fueron oprimidas. Sintieron la culpa del peso total de su pecado. En defensa propia, hicieron algo muy revelador: trataron de cubrir su desnudez y esconderse de Dios. ¿Alguna vez ha tratado de ocultar su culpa o su pecado de Dios?

Dios sabía que la comunión se había roto, y en uno de los relatos más tiernos de toda la Escritura, Dios llamó: "¿Dónde están?" (Génesis 3.9). Por favor, ¿Será que Dios realmente no sabía dónde estaban? ¿Se escondieron tan bien detrás de los árboles que Dios no podía encontrarlos? ¿Alguna vez ha jugado a las escondidas con un niño de tres años? ¡Por supuesto que Dios sabía dónde estaban! Sin embargo, quería que supieran que Él también sintió la separación.

Y él respondió: Oí tu voz en el huerto, y tuve miedo, porque estaba desnudo; y me escondí" (3.10). Esta es la primera vez que se menciona el miedo en la Biblia. ¿Ve lo que hace el pecado? El pecado trae miedo, culpa y vergüenza. El pecado trae distanciamiento, condenación y separación. El pecado hace enemigos de los amigos. El pecado convierte la intimidad en hostilidad. El pecado rompe la comunión.

Esta es nuestra situación. El pecado es rebelión. El pecado es esclavitud. El pecado es distanciamiento. ¿Cómo vamos a hacer que todas las cosas estén bien nuevamente? ¿Qué se supone que debemos hacer con todo ese pecado?

Permítanme recordarles nuevamente las mejores noticias que hemos escuchado: "Porque primeramente os he enseñado lo que asimismo recibí: Que Cristo murió por nuestros pecados, conforme a las Escrituras; y que fue sepultado, y que resucitó al tercer día, conforme a las Escrituras" (1 Corintios 15.3-4). Este es el amor supremo y generoso. "Mas Dios muestra su amor para con nosotros, en que siendo aún pecadores, Cristo murió por nosotros" (Romanos 5.8). Mientras todavía pecábamos, Cristo murió de todos modos. "Al que no conoció pecado, por nosotros lo hizo pecado, para que nosotros fuésemos hechos justicia de Dios en él" (2 Corintios 5.21). Esta es la gracia salvadora.

Al reformador protestante Martín Lutero se le acredita el haber llamado esto "el gran intercambio". Nuestra muerte por su vida; nuestro pecado por su justicia; nuestra condena por su salvación; nuestros fracasos por su éxito; nuestra derrota por su victoria. La expiación es el acto del Dios trinitario que derriba todas las barreras que nuestra rebelión y pecado han erigido entre nosotros. "En esto consiste el amor: no en que nosotros hayamos amado a Dios, sino en que él nos amó a nosotros, y envió a su Hijo en propiciación por nuestros pecados" (1 Juan 4.10).

¿Qué quiere decir esto? La expiación estaba en el corazón de Dios desde el principio. Todos los corderos, todos los sacerdotes y todos los sacrificios en el templo nos señalaban y nos guiaban a Jesús, quien se convirtió en nuestro gran Sumo Sacerdote, y que derramó su propia sangre por el perdón de nuestros pecados.

N. T. Wright lo expresa bien: "En todo el Nuevo Testamento, esta muerte es vista como un acto de amor, tanto del amor de Jesús (Gálatas 2.20) así como del amor del Dios quien lo envió y cuya expresión corporal es en Cristo mismo" (Juan 3.16; 13.1, Romanos 5.6-11; 8.31-39; 1 Juan 4.9-10)[8]. Dios el Padre, envió a Cristo el Hijo, por

---

8. N. T. Wright, *Evil and the Justice of God* (Downers Grove, IL: InterVarsity Press,

el poder del Espíritu Santo, para hacer por nosotros lo que nunca podríamos hacer por nosotros mismos. Jesús quita nuestros pecados: pasados, presentes y futuros. Dios ya no los recuerda. "Cuanto está lejos el oriente del occidente, hizo alejar de nosotros nuestras rebeliones" (Salmo 103.12). La muerte de Jesús en la cruz rompe el poder del pecado en nuestras vidas. Una vez fuimos esclavos de nuestro pecado, en esclavitud y "conforme al príncipe de la potestad del aire" (Efesios 2.2) y el "dios de este siglo" (2 Corintios 4.4). A través de su muerte en la cruz, Jesús entró en combate mortal con las fuerzas demoníacas y las venció de una vez por todas.[9] Rompió el poder de la muerte, el infierno y la tumba. Con la victoria de Cristo en la cruz, ya no estamos atrapados en las garras del pecado; estamos en las manos de la gracia y potencialmente hemos sido liberados (vea más sobre este tema en el capítulo 4 que aborda la gracia santificadora).

Gracias a la expiación de Jesús, nos hemos reconciliado con Dios. El distanciamiento se ha disipado. La brecha entre nosotros ha sido cerrada. El abismo ha sido cruzado. Jesús es nuestra paz que ha derribado todos los muros (Efesios 2.14). El velo del templo se rasgó en dos (Mateo 27.51). Nuestra culpa, vergüenza y miedo al castigo han sido

---

2006), 9.

9. La creencia de que en la cruz Jesús ganó la victoria sobre los poderes del mal se conoce como la teoría de la expiación de *Christus victor*. N. T. Wright comenta: "Me inclino a ver el tema de *Christus victor*, la victoria de Jesucristo sobre todos los poderes del mal y las tinieblas, como el tema central en la teología de la expiación, alrededor del cual todos los otros significados variados de la cruz encuentran su ambiente particular". Wright, *Evil and the Justice of God*, 114. Por el contrario, Fleming Rutledge presenta un caso sólido de que todos los temas bíblicos de la expiación obran en conjunto para formar un todo hermoso para comprender la profundidad y el misterio de la cruz. "La forma más fiel de recibir el evangelio de Cristo crucificado es cultivando una profunda apreciación por la forma en que los elementos bíblicos interactúan entre sí y la forma en que se alimentan entre ellos. Ninguna imagen en sí sola puede hacer justicia al conjunto; todos son parte del gran drama de la salvación". Rutledge, *The Crucifixion: Understanding the Death of Jesus Christ* (Grand Rapids: Eerdmans, 2015), 6-7.

eliminados. Nuestra amistad con Dios ha sido restaurada. "Pero ahora en Cristo Jesús, vosotros que en otro tiempo estabais lejos, habéis sido hechos cercanos por la sangre de Cristo" (Efesios 2.13). Esta es su gracia salvadora. ¿Tiene idea de cuánto lo ama Dios? El Padre ha llevado nuestro pecado y culpa a su propio corazón a través del Hijo. Aunque nuestros pecados son muchos y graves, entre ellos la idolatría de nuestros corazones para ir detrás de otros dioses, nuestro Dios trinitario nos redime, nos hace una nueva creación y nos adopta en su familia. ¡Es por eso que el perdón no es una cuestión frívola! Cualquiera que diga: "Por supuesto que Dios me perdonará, esa es la obligación de Dios" no tiene concepto del profundo dolor asociado con llevar el pecado de aquel que le ha apuñalado el corazón. Una cruz ha estado en el corazón de Dios desde toda la eternidad. Dios el Padre, en su único Hijo, Jesucristo, por el Espíritu, ha provisto un camino de salvación. Jesús entró plenamente en el propósito del Padre. Él voluntariamente dio su vida por nosotros. Aquel que fue sin pecado a favor de los pecadores. El Inocente a favor de los culpables. El inmaculado Cordero de Dios vino a vivir la vida que deberíamos haber vivido, y murió la muerte que merecíamos morir.

La vida, muerte y resurrección de Jesús hacen que todas las cosas sean nuevas. No hay nada más importante que esta verdad. Es el *quid* de la historia humana y el fundamento de nuestra fe. Sin Jesús, no hay perdón de pecados, ni vida eterna, ni relación con un Dios bueno, santo y amoroso. Usted puede castigarse para siempre y lamentarse por sus pecados. Usted puede quebrantar su espíritu para tratar de hacer las paces con Dios, pero la única forma en que experimentará la redención total y la paz permanente es cuando se da cuenta de que su única esperanza está en Jesús.

Recibimos el don de la gracia salvadora al creer en Dios. Nos depositamos en la misericordia de Dios y ponemos nuestra fe solo en Cristo. Confiamos en su victoria obtenida en la cruz; confiamos en que la culpa de nuestro pecado fue cancelada; confiamos en que el control de la muerte y el pecado ha sido roto; nuestra conciencia ha sido limpiada; encontramos la unión con Dios.

Hay dos formas de ver la expiación. Usted podría decir: "Si Dios es amor, ¿por qué necesitamos la expiación?". Por otro lado, podríamos decir: "Dios expió nuestros pecados, ¡qué grande amor!".

Así funciona la gracia salvadora

Pablo dice que un cristiano es alguien que ha pasado por un cambio de grandes magnitudes. Efesios 2.1-10 describe la transformación dramática —de la esclavitud del pecado a la libertad en Cristo— que ocurre cuando alguien cree en Cristo, y recibe la salvación. Se trata de alguien que ha pasado de la muerte a la vida, de la esclavitud a la libertad, de la condenación a la aceptación, del alejamiento a la adopción. Ahora, en los versículos 8 al 10, Pablo nos dice cómo llegamos desde allí hasta aquí y cómo nos convertimos en cristianos. Es un proceso orgánico de tres partes: somos salvos por gracia, lo que lleva a la fe, lo cual produce buenas obras. Esa es la ecuación, y el orden es crítico. Si nos equivocamos en el orden, nos equivocamos en todo.

Somos salvos por gracia. Analizamos de manera extensa el significado de la gracia en el capítulo 1. Es bueno recordar que la gracia siempre es el punto de partida. La gracia siempre es primero. La gracia nos despierta, nos cambia y nos lleva a una relación correcta con Dios y los demás. Muchas personas piensan que son cristianos por lo que han hecho; suponen que todo lo que tienen que hacer es ser una buena persona y seguir las enseñanzas de la Biblia y Dios los bendecirá. Eso no es gracia, eso es moralismo. Si nuestra esperanza está en lo que podemos hacer eso no es el evangelio. Nuestra salvación no se encuentra en lo que podamos hacer sino que en lo que Dios puede hacer. Nuestro despertar y nuestra vitalidad son completamente la obra de Dios. No somos salvos por aquello que hacemos por Dios; somos salvos por lo que Dios hace por nosotros. Es un regalo total.

Escuché una historia sobre una estudiante de seminario que se estaba preparando para tomar su examen final. Cuando llegó al salón de clases, todos los estudiantes estaban amontonados para entrar a última hora. El profesor entró al aula y anunció que harían un breve repaso antes de la prueba. La mayor parte del repaso salió directamente de la guía de estudio, pero había mucho material adicional para el que nadie se había preparado. Esta fue una sorpresa desagradable para la clase. Cuando alguien le preguntó al profesor sobre el material adicional, él explicó que todo estaba incluído en sus asignaciones de lectura y que eso quedaba bajo la responsabilidad del estudiante. Era difícil discutir con la lógica.

Finalmente, llegó el momento de tomar el examen. El profesor dijo: "Dejen su examen boca abajo en su escritorio hasta que todos lo hayan recibido. Les diré cuándo pueden comenzar". Cuando los estudiantes voltearon la hoja, para su gran asombro, todas las respuestas en el examen ya habían sido respondidas. Incluso sus nombres estaban escritos en la parte superior con tinta roja. Al final de la última página estaba escrito: "Este es el final del examen. Todas las respuestas del examen son correctas. Usted recibirá una A. La razón por la que aprobó la prueba es porque el creador de la prueba la tomó por usted. Todo el trabajo que hizo en preparación no le ayudó a obtener la A. Acaba de experimentar la gracia".

Tim Keller cuenta la historia de una conversación con una mujer mayor que ocasionalmente asistía a su iglesia. Ella era pudorosa, algunos incluso dirían decente y moral. Mostraba desprecio ante la menor señal de impropiedad o indiscreción, pero no estaba convencida de que uno tuviera que ser salvo si era una buena persona. En el curso de la conversación de Keller con ella, ella dijo con incredulidad: "Ahora, permíteme aclarar esto. ¿Me estás diciendo que si llevo una vida realmente buena y decente, e incluso asisto a la iglesia, pero nunca recibo a Cristo como mi Salvador, no sería mejor que alguien que cometió un asesinato? ¿realmente me estás diciendo eso? Keller respondió: "Básicamente, sí". Ella replicó: "¡Esa es la religión más insensata de la que he oído hablar!".

A lo que Keller respondió: "Bueno, tal vez pienses que es la religión más insensata de la que hayas oído hablar, pero para ese asesino que se arrepintió, es lo mejor que ha escuchado en su vida. Ese ex-asesino no puede creer que haya una religión que le ofrezca esperanza a alguien como él".

Si bien esta historia es algo extrema, plantea una cuestión muy importante. Esa mujer pudorosa, correcta y moral que está absolutamente segura de que es mejor que la mayoría de las personas y que piensa que la esencia del evangelio es un insulto y una insensatez, está atrapada en las garras de "la carne"[10]. Ella está tratando de ser propia y correcta, pero lo está tratando de hacer de manera independiente; queriendo ganar su salvación sin poner su confianza en Cristo. Esa es la trampa inminente de la autojustificación. Teniendo en cuenta este gran peligro, Dietrich Bonhoeffer describe magistralmente la actitud de un cristiano sumergido en la gracia: "Los cristianos son personas que ya no buscan su salvación, su liberación, su justificación en sí mismos, sino solo en Jesucristo. Saben que la palabra de Dios en Jesucristo los declara culpables, incluso cuando no sienten nada de culpa propia, y que la palabra de Dios en Jesucristo los declara libres y justos incluso cuando no sienten nada de su propia justicia"[11].

No hemos comprendido el evangelio hasta que entendamos que nuestra aceptación en Dios no se basa en lo que hayamos hecho ni en lo que haremos; sino que está estrictamente basado en la naturaleza y

---

10. Para obtener una explicación detallada del significado de "la carne", consulte el capítulo 4, "La gracia santificadora".
11. Dietrich Bonhoeffer, *Life Together* (New York: HarperCollins Publishers, 1954), 21-22.

el carácter de Dios al enviar a Jesús al mundo, a morir por los pecados del mundo y resucitar para nuestra salvación.

Somos salvos por gracia. Entonces, dice Pablo, la gracia conduce a la fe. ¿Qué es la fe? Básicamente la fe es el estado de conciencia hacia aquél que nos ha despertado y nuestra respuesta a Él.[12] Esta es la parte crítica que debemos entender: la fe que nos salva es la fe en Cristo. La fe cristiana no es una fe general en algunos principios. Es la fe en que realmente hubo un bebé que nació en el planeta Tierra que fue Dios en la carne, que realmente murió en una cruz y que realmente resucitó de entre los muertos. Pablo se mantuvo firme en este punto: "Y si Cristo no resucitó, vana es entonces nuestra predicación, vana es también vuestra fe. y si Cristo no resucitó, vuestra fe es vana; aún estáis en vuestros pecados" (1 Corintios 15.14, 17). Si Jesús realmente no murió por nuestros pecados y realmente no resucitó de entre los muertos, nuestra fe no es más que una ilusión o un deísmo terapéutico moralista[13]. La fe en generalidades no tiene sentido.

Si Pablo estuviera vivo hoy, podría decirlo así: si Jesús no es quien dijo ser, si no es el Hijo de Dios, si no se hizo humano, si realmente no murió en la cruz por nuestra salvación, si no resucitó físicamente de entre los muertos, si Él realmente no ha ascendido al cielo y se ha sentado a la diestra de Dios Padre, entonces dejemos de jugar a la iglesia. Ningún principio tiene sentido en sí mismo. ¿Fe en la fe? ¿Fe en las generalidades? No. Porque la fe en la verdad y la fe en el amor y la fe en la justicia no nos cambiarán ni nos darán una nueva vida. Solamente la fe en Jesús. No somos salvos por nuestras obras, nuestra

---

12. Estoy en deuda por esta definición a un sermón predicado por Tim Keller, pero no puedo recordar cuál fue el sermón.

13. "Deísmo terapéutico moralista" es una frase introducida por Christian Smith y Melinda Lundquist Denton para describir a los adolescentes estadounidenses de principios del siglo XXI y el marco cultural resultante de cómo la gente posmoderna piensa sobre Dios. Smith y Denton, *Soul Searching: The Religious and Spiritual Lives of American Teenagers* (New York: Oxford University Press, 2005).

bondad o nuestros principios. Somos salvos por Cristo y solo Cristo. La fe en él es lo que importa porque él es nuestra única esperanza. Así que, la fe produce buenas obras. Las buenas obras no nos salvan, para nada. Sin embargo, las buenas obras fluyen de nuestra fe. Es imposible decir que hayamos recibido la gracia de Dios y que tengamos una verdadera fe bíblica si no hay nada diferente en nuestras vidas. La Biblia es práctica en este punto. Somos salvos por gracia, pero si nada concreto está sucediendo en nuestro carácter y comportamiento, entonces no es una fe verdadera. Porque, mientras que la gracia conduce a la fe, la fe conduce a buenas obras. "Porque somos hechura suya, creados en Cristo Jesús para buenas obras, las cuales Dios preparó de antemano para que anduviésemos en ellas" (Efesios 2.10).

Los cristianos son la obra de Dios. *Poiema* es la palabra griega cuyo significado es "para lo que nos ha hecho" u "obra". Esta palabra es la raíz de la palabra "poema". Los cristianos son de una manera única los *poemas* de Dios: las obras de arte de Dios. El arte es hermoso, el arte es valioso, y el arte es una expresión del ser interior del artista. ¿Qué significa para Pablo cuando dice que los cristianos son la obra de arte de Dios? En Cristo, somos vistos como hermosos, percibidos como valiosos y creados para ser una expresión de nuestro Creador, el Artista Divino.

Sin embargo, somos una obra de arte que ha sido estropeada y desfigurada por el pecado. ¿Alguna vez ha visto una obra maestra estropeada, la obra maestra de un artista de primer nivel desfigurada? De alguna manera, cuando vemos que la belleza original de la obra maestra ha sido estropeada, hace que la tragedia sea aún mayor. Si un niño toma un crayón y dibuja sobre los gabinetes de la cocina, se ve mal. Sin embargo, sería mucho peor si un vándalo pintara grafiti sobre la *Mona Lisa* de Leonardo da Vinci; la magnitud y la rareza de lo que ha sido desfigurado determina el nivel de tragedia y horror que nos atravesaría.

Hace varios años, tuve la oportunidad de visitar Roma. Estaba ansioso por ver la *Piedad* en la Basílica de San Pedro. Consciente de que fue tallada por Miguel Ángel en un solo bloque de mármol (la única pieza conocida por estar firmada personalmente por Miguel Ángel), quería estudiarla de primera mano. Me decepcionó ver que estaba a una buena distancia del público, detrás de cuerdas y protegido por un panel a prueba de balas. ¿Por qué estas precauciones? Porque en 1972, el domingo de Pentecostés, un geólogo con trastornos mentales que afirmaba ser Jesús atacó la escultura con un martillo. Los espectadores tomaron muchas de las piezas de mármol que salieron volando. Algunas fueron devueltas, pero otras no, incluida la nariz de María, que luego fue reconstruida a partir de una sección de mármol cortada de su espalda. Los italianos, junto con el resto del mundo del arte, quedaron devastados. ¿Cómo podría ser restaurada a su belleza original? Buscaron por todo el mundo maestros artesanos especialistas en restauración. Después de mucho tiempo, destreza, conocimiento, trabajo e intensidad, el proyecto de restauración se completó.[14] Muy pocos podían notar que alguna vez hubiera sufrido algún daño.

Eso es lo que Dios hace por todas las personas salvas por gracia. Somos su obra maestra, su amada obra magna, y no dejará que el daño del pecado tenga la última palabra. Para demostrar nuestro valor, Dios no solo nos rehace a imagen de Jesucristo, sino que también

---

14. Un artículo de New York Times detalla a un grupo de periodistas a los que se les permitió trepar por los andamios e inspeccionar de cerca la escultura restaurada antes de su exposición al público. "La reconstrucción del velo dañado, el área de los ojos, la nariz, el brazo y la mano se veía impecable, excepto por las pequeñas líneas que solo eran visibles al hacer una inspección cercana. No hubo diferencia perceptible en el color de las partes reparadas y la superficie de mármol circundante de la escultura. 'Trabajamos como dentistas', dijo Deoclecio Redig de Campos". Paul Hoffman, "Restored Pieta Show; Condition Near Perfect" New York Times, 5 de enero, 1973, https://www.nytimes.com/1973/01/05/archives/restored-pieta-shown-condition-near-perfect-marks-on-marys-cheek.htm

nos da trabajo para hacer en su mundo; hacemos estas obras porque Dios nos ha reconstruido. Cuando sabemos esto en lo profundo de nuestro interior, cuando realmente lo entendemos, nunca más podremos decir que nuestras buenas obras nos salvan. El moralismo nunca más podrá ser nuestra mejor respuesta. Nuestras buenas obras son el subproducto de lo que Dios ha hecho en nosotros y sirven para reflejar la gloria de Dios, no la nuestra.

Me gusta la perspectiva que Eugene Peterson ofrece en su paráfrasis de la ecuación de la gracia de Pablo:

> Para mostrar en los siglos venideros las abundantes riquezas de su gracia en su bondad para con nosotros en Cristo Jesús. Porque por gracia sois salvos por medio de la fe; y esto no de vosotros, pues es don de Dios no por obras, para que nadie se gloríe. Porque somos hechura suya, creados en Cristo Jesús para buenas obras, las cuales Dios preparó de antemano para que anduviésemos en ellas.[15]

Dios en Cristo nos salva de la condenación, el juicio y el infierno.

En Cristo, Dios nos redime y nos reconcilia completamente.

Dios en Cristo nos justifica, corrigiendo lo que estaba mal.

Dios, en Cristo nos vuelve a formar y nacemos de nuevo.

Dios en Cristo nos adopta en su familia.

No somos salvos porque pongamos nuestra fe en una doctrina. No somos salvos porque tengamos la creencia correcta. Somos salvos

---

15. Peterson, Eugene. *The Message, Efesios 2.7-10.*
N.T. La versión *"The Message"* no está disponible en español por consiguiente el traductor optó por continuar usando la versión RVR 1960. A continuación una traducción libre del pasaje citado: La salvación es completamente su idea, y completamente su obra. Todo lo que nos toca hacer es confiar en él lo suficiente como para dejarlo obrar. Nosotros no somos los protagonistas. Si lo fuéramos, ¡probablemente alardearíamos de haberlo hecho todo! No, ni nos creamos ni nos salvamos por nuestra mano. Él nos crea a cada uno de nosotros por Cristo Jesús para que lo acompañemos en la obra que Él está haciendo, la buena obra que Él nos ha preparado para que hagamos, la obra que ya deberíamos estar haciendo.

porque algo del exterior, o mejor dicho, alguien, ha entrado en nosotros. Somos formados de nuevo de tal forma que la mejor manera en que los escritores de los evangelios pueden describirlo es compararlo con un nuevo nacimiento. Los escritores hebreos lo describieron como la experiencia de ser sacados de un pozo en el que habíamos caído. Éramos esclavos y ahora somos libres. Ya no somos esclavos del temor. Nos convertimos en hijos de Dios. Antes estábamos fuera de la familia de Dios, y ahora somos miembros de la familia de Dios. Somos justificados ante el Padre, lo que significa que todo se rectifica.

Nunca olvidemos que la salvación viene del exterior, no desde nuestro interior. No somos salvos porque seamos buenos; somos salvos porque Dios es bueno. Eso es la salvación. Dios hace algo por nosotros que no podríamos hacer por nosotros mismos. Esa es la gracia salvadora.

Ahora pasamos a ver en lo que se puede llegar a convertir la obra maestra de una vida renovada en Cristo gracias al don de la gracia santificadora.

△□○
LA VIDA

A través de la gracia santificadora, el Espíritu Santo nos capacita para vivir una vida totalmente consagrada a Dios.

A través de la gracia sustentadora, el Espíritu Santo coopera con nosotros para permitirnos vivir una vida fiel y disciplinada entregada al servicio de Dios.

A través de la gracia suficiente, el poder de Dios se perfecciona en nuestra debilidad.

4
LA GRACIA SANTIFICADORA

Y el mismo Dios de paz os santifique por completo; y todo vuestro ser, espíritu, alma y cuerpo, sea guardado irreprensible para la venida de nuestro Señor Jesucristo. Fiel es el que os llama, el cual también lo hará.
- 1 Tesalonicenses 5.23-24

Según Juan Wesley, las cuatro doctrinas más importantes que se encuentran en las Escrituras son el pecado original, la justificación por la fe, el nuevo nacimiento y la santidad interna y externa.

La justificación fue un tema importante de la Reforma Protestante que precedió a Wesley por casi doscientos años. Los reformadores, incluido Martín Lutero, proclamaron que somos justificados por Dios solo por medio de la fe[1]. Wesley afirmó enérgicamente la necesidad de la justificación, pero al agregar el nuevo nacimiento a su lista de las doctrinas bíblicas más importantes, estaba transmitiendo la idea esencial de que la cruz y la resurrección ofrecen una respuesta decisiva a la culpa de nuestros pecados y al problema central que nos lleva a

---

1. La justificación es ser hecho justos delante de Dios, por la gracia de Dios, por la cual nuestros pecados son perdonados y nuestra culpa quitada por el sacrificio expiatorio de la muerte de Jesús en la cruz. Ver capítulo 3, "Gracia salvadora".

pecar. Por lo tanto, para Wesley, el nuevo nacimiento es el comienzo de la vida santa, o lo que llamamos "santificación".

En el último capítulo, discutimos la naturaleza del pecado y los efectos dañinos que el pecado tiene en nuestro mundo y en nuestras vidas, pero ¿cuál es el origen del pecado? ¿Cuál es la fuente del pecado en nuestros corazones?

La Biblia dice que el pecado se origina en nuestra naturaleza innata. "Todos nosotros vivimos en otro tiempo en los deseos de nuestra carne, haciendo la voluntad de la *carne* y de los pensamientos, y éramos *por naturaleza* hijos de ira, lo mismo que los demás" (Efesios 2.3, énfasis agregado). Este versículo apunta a dos frases clave que son ampliamente mal interpretadas y necesitan ser explicadas para una mejor comprensión.

Por naturaleza

A través de sus cartas en el Nuevo Testamento, Pablo enseña explícitamente que los seres humanos nacen con una naturaleza desobediente y pecaminosa (Romanos 7.18, 35; Efesios 2.1-3; Colosenses 3.5). No aprendemos a pecar. Nadie nos tiene que enseñar a pecar. No hay clase en la universidad llamada "Introducción a la pecaminosidad". El pecado llega naturalmente, y somos buenos para eso. Esta no es una opinión popular ahora, ni lo ha sido nunca.

Pelagio, fue un monje irlandés que nació en el siglo IV y que más tarde se convertiría en ciudadano romano. Él enseñó que las personas no tenían una naturaleza pecaminosa, sino que los niños aprenden a ser pecaminosos por los malos ejemplos a los que son expuestos en su etapa de crecimiento. Pelagio argumentó que vinimos al mundo con una naturaleza neutral y que los niños se vuelven buenos o malos debido en gran parte a sus ejemplos. Por lo tanto, según Pelagio, los pecados son acciones deliberadas de la voluntad, y si aplicamos nuestros mejores esfuerzos, podemos vivir vidas muy buenas separados del pecado.

Pelagio vivió durante la época de otro destacado teólogo, Agustín de Hipona, considerado uno de los pensadores cristianos más influyentes en la historia de la iglesia occidental. El obispo de África del norte escribió extensamente sobre la existencia del pecado original que heredamos de nuestros primeros padres espirituales y de sus efectos debilitantes.

Agustín argumentó enérgicamente en contra del punto de vista de Pelagio, calificándolo de contrario a las Escrituras y al sentido común, y fue esencial para expulsar a Pelagio de la iglesia bajo el cargo de herejía. Aunque calificado por la iglesia como una enseñanza herética desde el siglo IV, el pelagianismo está sano y salvo en la iglesia de hoy.

En un viaje a la ciudad de Nueva York, mi esposa y yo asistimos al show de Broadway *Wicked*, que cuenta la historia de Elphaba, la Malvada Bruja del Oeste (del *Mago de Oz*), y de su amistad con Glinda, la Buena Bruja del Norte. La historia narra cómo cada mujer lucha por encontrar su identidad, pero finalmente Elphaba elige ser malvada, y Glinda elige ser buena, todo por las circunstancias de sus vidas. A Elphaba le suceden cosas malas, por lo que se vuelve mala; a Glinda las cosas le salen bien, por lo que se vuelve buena. Es solo una obra musical ficticia, pero innumerables personas modernas son propensas a pensar de esa manera sobre el pecado.

Jesús, sin embargo, no está de acuerdo: "Pero lo que sale de la boca, del corazón sale; y esto contamina al hombre. Porque del corazón salen los malos pensamientos, los homicidios, los adulterios, las fornicaciones, los hurtos, los falsos testimonios, las blasfemias" (Mateo 15.18-19). El corazón es la fuente que contamina; el pecado viene del corazón.

Uno ve a un niño pequeño que apenas puede caminar. ¿Por qué actúan de la forma en que lo hacen? ¿Por qué son egoístas? ¿Por qué hacen berrinches cuando no se salen con la suya? Un niño no es pecador debido a su educación. No han vivido lo suficiente para haber sido influenciados de tal manera por sus mayores. Un niño es pecador porque el pecado viene del corazón, es innato. No hay necesidad de enseñarles a ser egoístas, lo hacen de forma natural. El pecado exterior es una expresión de lo que ya está dentro de una persona. David confesó esto: "He aquí, en maldad he sido formado, y en pecado me concibió mi madre" (Salmo 51.5). Podemos decir que es el dato empírico del pecado original.

¿Cómo se ve esto desde el punto de vista teológico? Cada persona es creada a la imagen de Dios, y Dios es santo y bueno. Cuando fue creada en su origen, la humanidad reflejaba la naturaleza divina, pero la fuente de santidad y bondad no brotaba de sí misma, sino del Dios eterno y trino. Como lo explicaron William Greathouse y Ray Dunning: "Solo Dios es esencialmente santo. Somos santos solo porque estamos en una relación correcta con Dios y llenos de su Espíritu santificador". Por lo tanto, desde la introducción del pecado en la caída y sus consecuencias posteriores, nuestra naturaleza esencial en la imagen de Dios permanece intacta mientras la imagen moral de Dios ha sido destrozada.[2] Greathouse y Dunning continúan: "Esencialmente, el hombre es bueno, una persona formada para Dios. Existencialmente el hombre es pecaminoso, un rebelde alejado de la vida de Dios y, por lo tanto, corrupto"[3]. Esencialmente bueno, existencialmente rebelde. Este es el pecado original.

---

2. *Imago Dei* es la traducción en latín de "imagen de Dios". Si bien la imagen moral de Dios en la humanidad fue dañada como consecuencia de la caída, la naturaleza esencial de Dios mantiene el valor de toda persona creada a imagen de Dios. Diane LeClerc señala que la teóloga nazarena Mildred Bangs Wynkoop, fiel a la enseñanza de Juan Wesley, "define la imagen de Dios en la humanidad como la capacidad de amar, en el contexto de una relación con Dios, los demás, uno mismo y la tierra". Diane LeClerc, *Discovering Christian Holiness: The Heart of Wesleyan-Holiness Theology* (Kansas City, MO: Beacon Hill Press of Kansas City, 2010), 312. Además, vea la sección final de este capítulo, "Definición de la entera santificación".

3. Greathouse y Dunning, *An Introduction to Wesleyan Theology* (Kansas City, MO: Beacon Hill Press de Kansas City, 1982), 52. Greathouse y Dunning proceden a

Tenemos una naturaleza con la que nacemos. No es una "cosa" en nosotros que necesite ser removida, como una vesícula biliar enferma. Es nuestra disposición al orgullo y egocentrismo. Es nuestra tendencia innata hacia la violencia, el ego, la autosuficiencia y la autoconservación. Es el narcisismo del más alto orden y en su forma más obvia, lo que significa que el pecado en nuestros corazones es más que unas pocas indiscreciones que cometemos en nuestros peores momentos; es hacer caso omiso al primer mandamiento (Éxodo 20.2) y no adorar solamente a Dios. N. T. Wright nos recuerda cuán profundamente inmersos estamos en realidad:

El diagnóstico de la difícil situación humana no es simplemente que los humanos hayan violado la ley moral de Dios, ofendiendo e insultando al Creador, cuya imagen ellos reflejan, aunque eso también es cierto. Esta infracción de la ley es un síntoma de una enfermedad mucho más grave. La moralidad es importante, pero no todo queda ahí. Los humanos, a quienes se les designó la responsabilidad y autoridad sobre la creación, han invertido su vocación, ofreciendo adoración y lealtad a las fuerzas y poderes dentro de la misma creación. A esto le llamamos idolatría. El resultado es la esclavitud y finalmente la muerte.[4]

Nos sigue más que un historial negativo. Tenemos una naturaleza caída. La gracia de Dios es necesaria para liberar y sanar la condición del pecado y los actos del pecado, originales y presentes. Para esto, necesitamos la justificación y la santificación. Necesitamos ser reformados y recibir una renovación radical en nuestros corazones. Es por eso que Wesley enfatizó la santidad interna y externa. Debemos ser perdonados de nuestros pecados, vivificados en Cristo, y tener

---

detallar el significado histórico del pecado original (Romanos 5.12-21) y el significado existencial del pecado original (Romanos 7.14-25), 53-54. La perspectiva wesleyana del pecado original es diferente de la doctrina calvinista de la depravación total.

4. N. T. Wright, *The Day the Revolution Began: Reconsidering the Meaning of Jesus's Crucifixion* (New York: HarperCollins Publishers, 2016), 76-77.

nuestros corazones purificados por la fe. El resultado es una recuperación de la imagen completa de Dios que se había perdido.

Las obras de la carne

Como se señaló anteriormente, los escritos del Nuevo Testamento, particularmente los atribuidos al apóstol Pablo, a menudo se refieren a un aspecto de la consecuencia catastrófica del pecado original como "las obras de la carne". La palabra "carne" deriva de una sola palabra griega, *sarx*.[5] No debe confundirse con el cuerpo, la carne se usa en un sentido espiritual para referirse a la inclinación egocéntrica que busca la gratificación, el excesivo amor propio del "yo" que vive para uno mismo en lugar de rendirse por completo a la voluntad y propósitos de Dios.[6] Martín Lutero, y Agustín antes que él, describieron gráficamente esto como el estado de "estar inclinado hacia sí mismo" *(incurvatus in se)*. Considere la imagen mental que Lutero pinta de estar inclinado hacia sí mismo: "Nuestra naturaleza, por la corrupción del primer pecado, [está] tan profundamente inclinada hacia sí misma que no solo dirige los mejores dones de Dios hacia sí misma para la autosatisfacción (como se hace evidente en los que se justifican por sus obras y los hipócritas), sino que hasta incluso usa a Dios mismo para alcanzar estos dones sin darse cuenta de que busca

---

5. La teoría de las dos naturalezas de la vida cristiana se introdujo a través de un punto de vista dispensacional ampliamente popular desde finales del siglo XIX y principios del XX que tuvo una influencia de gran alcance entre muchos evangélicos, incluidos varios predicadores y maestros evangélicos notables. Esta influencia llevó al comité de la primera traducción (1973) de la New International Version [Nueva Versión Internacional en inglés] a traducir "carne" *(sarx)* como "naturaleza pecaminosa". Dunning señala que Greathouse sugirió posteriormente que era "virtualmente imposible usar [esa versión de la traducción] como base para una interpretación fiel del griego original". El comité de traducción de 2011 para la New International Version modificó su traducción a "carne". Dunning, *Pursuing the Divine Image: An Exegetically Based Theology of Holiness* (Marrickville, New South Wales: Southwood Press, 2016), Kindle Location 786.

6. Greathouse y Dunning definen la carne como " 'yo' viviendo para mí". Greathouse y Dunning, An Introduction to Wesleyan Theology, 53.

todas las cosas de una forma malvada, torcida y viciosa, incluso a Dios para su propio bien"[7].

Cuando Pablo dice: "Porque el querer el bien está en mí, pero no el hacerlo" (Romanos 7.18), se refiere a la impotencia en su carne para amar y obedecer a Dios con todo su corazón. Él era, y nosotros somos, esclavos del "yo" que siempre quiere salirse con las suyas.

Pablo amplía aún más en su carta a los Gálatas que la carne tiene una batalla contra el Espíritu: "Porque el deseo de la carne es contra el Espíritu, y el del Espíritu es contra la carne; y éstos se oponen entre sí, para que no hagáis lo que quisiereis" (Gálatas 5.17). Luego sigue ofreciendo ejemplos tangibles de las obras de la carne y las acciones y actitudes que siguen a la carne, en contraste con el fruto del Espíritu (vv. 19-23). Luego, Pablo yendo al grano escribe de manera categórica: "Porque el ocuparse de la carne es muerte, pero el ocuparse del Espíritu es vida y paz" (Romanos 8.6). Mi paráfrasis: o matamos las malas obras de la carne, o ellas nos matarán a nosotros. Esta es la gravedad absoluta de la carne.

La idea bíblica de la carne ha sido generalmente mal entendida a lo largo de los años. Lamentablemente, algunos piensan que la carne y el Espíritu corresponden al cuerpo y al alma y que la "carne" se refiere a la piel de nuestros cuerpos.[8] Como resultado, algunos han sido influenciados a asumir que si la carne es la fuente del mal y del pecado, entonces nuestros cuerpos físicos han de ser intrínsecamente malos. Por lo tanto, si seguimos esa lógica, nos correspondería minimizar los aspectos físicos de nuestras vidas, ir en contra de nuestros cuerpos hasta someterlos y no permitir ningún placer o satisfacción física.[9] Si bien esto puede parecer extremo, hasta cierto

---

7. Martin Lutero, *Lectures on Romans*, WA 56.304.

8. La "carne" y el "cuerpo" son dos palabras separadas en el Nuevo Testamento: *sarx* y *soma*.

9. Gran parte de la herejía del gnosticismo se basa en una concepción errónea de la carne con relación al cuerpo. La idea platónica de un alma suprema abstracta hace que algunos incluso hoy miren al cuerpo con desprecio y enfaticen la mortalidad de

punto lo vemos manifiesto cuando desarrollamos una jerarquía de pecado, como los pecados del cuerpo y los pecados del espíritu, y cuando promovemos la idea de que uno es seguramente peor que el otro (p. ej., la inmoralidad sexual debe ser peor que el chisme o la amargura; la embriaguez debe ser peor que el orgullo o el racismo). En consecuencia, si alguien comete un pecado del cuerpo, también es considerado un pecado "mortal", es casi imperdonable, pero los pecados del espíritu son ignorados con la justificación de que "nadie es perfecto". Separar y clasificar el pecado de esta manera es un claro malentendido de la santidad de las Escrituras, sin mencionar el hecho de que Pablo clasifica todos los pecados en una sola categoría (por ejemplo, ver Gálatas 5.16-21: la idolatría y las disputas se identifican como las "obras de la carne").

Claramente, el cuerpo humano no es algo malo. Después de todo, Dios creó el cuerpo humano y luego tomó un cuerpo humano en Jesús. Cuando Pablo quiere referirse al cuerpo físico, generalmente elige la palabra griega *soma*, no *sarx*, la cual usa trece veces apenas en romanos. La palabra *soma* puede significar el cuerpo físico o la totalidad de una persona, como en Romanos 12.1: "Así que, hermanos, os ruego por las misericordias de Dios, que presentéis vuestros cuerpos en sacrificio vivo, santo, agradable a Dios", versículo que es un claro llamado a la santificación de todo nuestro ser, incluidos nuestros cuerpos físicos.

Entonces, ¿qué es la carne y por qué se necesita la gracia santificadora? La carne es la inclinación que todo nuestro ser tiene (en cuerpo, mente y espíritu) de ser nuestro propio dios, en lugar de estar bajo el señorío de Jesús. Es el aspecto pecaminoso de nuestro ser que quiere

---

un alma eterna incorpórea. Sin embargo, este error está en conflicto con la doctrina bíblica de la resurrección corporal. Para combatir este malentendido frecuente, los primeros credos cristianos subrayaron la importancia de la resurrección corporal (por ejemplo, "Creemos en la resurrección del cuerpo y en la vida eterna", El Credo de los Apóstoles).

vivir nuestras vidas independientemente de Dios: ser nuestro propio rey y salvador, en lugar de depender de Jesús. Antes de la gracia salvadora, estamos completamente controlados por la carne en lugar del Espíritu. Tenemos una naturaleza pecaminosa: la disposición del corazón que cree que podemos salvarnos y que está totalmente consumida y dominada por la mente carnal. Sin embargo, en el momento de nuestra justificación (perdón por el pecado) y regeneración (nuevo nacimiento), recibimos el don del Espíritu Santo.[10] Las personas en la tradición wesleyana de santidad también conocen esto como "santificación inicial" porque no se nos puede impartir lo que es santo, el Espíritu de Jesús, sin empezar a caminar por el sendero de la vida santa.[11]

Aquí es donde comienza la guerra por la soberanía. ¿Quién será el rey de mi vida? Antes de ser cristianos no había guerra, ni siquiera una riña ocasional. La carne era devota a nuestra auto soberanía y nuestros deseos egoístas nos dominaban. Cuando el Espíritu entra en nuestra vida, recibimos nuevos deseos, motivaciones y la mente de Cristo (Romanos 12.2; 1 Corintios 2.16; Filipenses 2.5). Estas dos fuerzas, carne y espíritu, están en oposición y ahora luchan por la supremacía. Ese es el punto donde inicia la santidad pero ahora debe aumentar y madurar.

Cuando Pablo le escribió a la iglesia en Corinto, "no podía hablarles como personas espirituales" (1 Corintios 3.1). ¿Quiere decir que no eran cristianos? No, ellos eran cristianos nacidos de nuevo. De hecho, Pablo comienza la carta llamándolos "los santificados en Cristo Jesús"

---

10. Si bien "regeneración" no es una palabra bíblica *per se*, los teólogos han creado la palabra para describir la nueva vida que se le da por gracia a una persona como resultado de su nuevo nacimiento en Cristo. En un sentido muy real, uno es elevado a una nueva vida, se produce una resurrección espiritual y se producen cambios reales en formas tangibles e intangibles.

11. "Wesley nunca usó este término [santificación inicial], pero refleja su creencia de que es en el momento de la salvación donde comienza el proceso de ser hecho justo". LeClerc, *Discovering Christian Holiness*, 318.

y "llamados a ser santos" (1.2). La regeneración, la justificación y la redención ya habían sucedido. Su caminar por el sendero en la gracia ya había comenzado. Su problema era que la batalla por su carne persistía. Su envidia, rivalidad, orgullo y división todavía estaban en plena exhibición. Eran cristianos, pero aun así "personas de la carne" (3.1), lo que Pablo equiparó con una fe inmadura. Eran cristianos pero todavía "infantes en Cristo" (3.1). Ellos necesitaban seguir creciendo. Esta es otra forma de decir que todavía había un nivel de resistencia en ellos que se oponía a que entregaran completamente su voluntad y mente a Dios.[12]

Una vez más, Juan Wesley ofrece un enfoque perspicaz relacionado al contexto en el que Pablo emitió esas declaraciones. Al preguntar si los corintios habían perdido la fe, Wesley insistió: "No, él [Pablo] manifiestamente declara que no; porque entonces no habrían sido "bebés en Cristo". Y él habla de ser 'carnal' y 'bebés en Cristo' como una y la misma cosa; mostrando claramente que cada creyente es (en cierto nivel) 'carnal' mientras que es solo un 'bebé en Cristo'"[13]. Según Wesley, ser una persona carnal es el equivalente a estar "en la carne", y representa una fe inmadura que debe crecer en la actitud de autoentrega de la cruz y en la semejanza de Cristo.[14] Esto aplica

---

12. "El término griego traducido como 'mente' es uno de los términos antropológicos más significativos usados por Pablo. Se refiere al aspecto del razonamiento de una persona cuando se ejercen los poderes de juicio". Dunning, *Pursuing the Divine Image*, Kindle Location 814. La capacidad otorgada por Dios a cada persona para pensar y usar el intelecto para comprender es un aspecto que conocemos como "la razón" dentro del Cuadrilátero Wesleyano.

13. Wesley, Sermon 13: "On Sin in Believers," en *The Complete Works of John Wesley: Vol. 1, Sermons 1—53* (Fort Collins, CO: Delmarva Publications, 2014), 3.2.

14. Dunning señala que "la carnalidad es una palabra engañosa, que se usa como sustantivo, mientras que las escrituras siempre usan carnal como un adjetivo". Dunning, *Pursuing the Divine Image*, Kindle Location 2076. Esto también rechaza la idea de que "la carne" es una especie de cosa extraña, como un "tumor canceroso que vive metafóricamente dentro de nosotros" que debe ser extirpado quirúrgicamente. Ibíd., Kindle Location 801. Los defensores del concepto de que algo necesita ser eliminado, incluidos algunos predicadores de santidad del siglo XIX, se refieren a esto como erradicación.

para todo creyente. La pregunta no es acerca de la salvación, sino del señorío. Los santificados deben crecer más y más a la semejanza de Jesús. No es algo que deba morir en ellos: deben morir, en un sentido real pero figurativo, a lo que gobernó sus vidas en el pasado.[15] Las credenciales religiosas no serán suficientes; las normas morales no serán suficientes. Uno debe morir a la confianza en la carne.

En un momento deslumbrante de franqueza y vulnerabilidad Pablo confesó: "Si alguno piensa que tiene de qué confiar en la carne, yo más: circuncidado al octavo día, del linaje de Israel, de la tribu de Benjamín, hebreo de hebreos; en cuanto a la ley, fariseo; en cuanto a celo, perseguidor de la iglesia; en cuanto a la justicia que es en la ley, irreprensible" (Filipenses 3.4-6). Tenía todas las credenciales religiosas para ser considerado justo, pero su confianza estaba en la carne. Pablo continúa: "Pero cuantas cosas eran para mí ganancia, las he estimado como pérdida por amor de Cristo" (3.7). Él cumplía las reglas y obedecía la ley, pero vivía de acuerdo a la carne mientras creía y dependía en su propia justicia para salvarlo o hacerlo santo. Aunque todas esas cosas eran buenas, habían sido elevadas a un lugar central en su vida, por lo tanto, tuvo que morir para poder conocer a Cristo. Además, al ir conociendo a Cristo de una manera más completa, Pablo cambió sus obras morales que había ganado con tanto esfuerzo, por la justicia salvadora y santificadora de Cristo: "para ganar a Cristo, y ser hallado en él, no teniendo mi propia justicia, que es por la ley, sino la que es por la fe de Cristo, la justicia que es de Dios por la fe" (3.8-9).

Muchas personas son morales, incluso religiosas, pero la condescendencia, la rigidez, los prejuicios, la dureza y la frialdad del espíritu son signos reveladores de que la carne ha tomado la religión y la ha utilizado como una estrategia para que las personas eviten depender de Jesucristo para obtener la santidad. Así como un hombre

---

15. William H. Greathouse con George Lyons, *New Beacon Bible Commentary, Romans 1—8: A Commentary in the Wesleyan Tradition* (Kansas City, MO: Beacon Hill Press of Kansas City, 2008), 182. [85]

codicioso, que explota a los que están atrapados en la pobreza con tal de obtener ganancias, está bajo la esclavitud de la carne, también lo está el fariseo. Ante los ojos de Dios son lo mismo. Ambos han adoptado estrategias para forjar su propio camino en la vida separados de Dios.

Esta es la verdad dolorosa: incluso los cristianos pueden continuar viviendo de acuerdo a la carne. Antes de la gracia salvadora, la carne no pelea con el Espíritu porque estamos muertos en nuestros pecados. Sin embargo, incluso cuando el Espíritu de Dios cobra vida en nosotros, aún podemos vivir de manera carnal; todavía tenemos la capacidad de llevar las cosas buenas al extremo. Todavía podemos vivir en nuestra propia fuerza y poder, en lugar de depender de Dios. Por eso necesitamos la gracia santificadora. Necesitamos la gracia de Dios para crucificar la carne que quiere depender de nosotros mismos; es decir, matar la parte carnal de nosotros que quiere manejar el rumbo de nuestras propias vidas a fin de que el Espíritu de Jesús pueda tomar completamente el control.[16]

El aclamado maestro escocés y escritor de devocionales Oswald Chambers aborda el punto central de lo que significa morir a sí mismo para que Cristo sea conocido cada vez más:

Debo tomar mis opiniones emocionales y creencias intelectuales y estar dispuesto a convertirlas en un veredicto moral contra la naturaleza del pecado; es decir, contra cualquier demanda que tengo del derecho a mí mismo… Una vez que llegue a esta decisión moral y actúe en consecuencia, todo lo que Cristo hizo por mí en la cruz se hará en mí. Mi compromiso incondicional con Dios le da al Espíritu Santo la oportunidad de otorgarme la santidad de Jesucristo… Mi

---

16. Oswald Chambers se refiere a la noción de morir a uno mismo como la acción de identificarse con la muerte de Jesús y una "co-crucifixión" voluntaria. De la misma manera, el cristiano puede unirse con Jesús en su resurrección y compartir una "co-resurrección" a una nueva vida. La vida en la resurrección que ofrece Jesús se experimenta ahora en la vida de santidad. Chambers, *My Utmost for His Highest* (Uhrichsville, OH: Barbour and Company, 1935), 73.

individualidad permanece, pero mi motivación principal en la vida y la naturaleza que me gobierna cambian radicalmente[17].

La carne no tiene que gobernar nuestras vidas. Recibimos la libertad para vivir una vida santa. La gracia santificadora es el medio y el remedio. Entonces, ¿cómo funciona realmente la gracia santificadora en el sendero en la gracia? Para responder esta pregunta dedicaremos el resto de este capítulo.

A la semejanza de Cristo

Quiero contar una historia sobre alguien a quien llamaré George, aunque no es su nombre real. George era miembro de mi iglesia y una persona muy disconforme. Siempre estaba molesto por algo. No le gustaba la música ni mi predicación. Me decía que yo no predicaba la santidad de la misma forma que él la escuchó de niño. Aparte de eso, a él no le caían bien las personas, especialmente las personas nuevas. George me escribía cartas de siete páginas que contenían algunos de los comentarios más feos que uno se pueda imaginar, no solo atacaba cada decisión que tomaba en mi pastorado, sino también pensaba que conocía mis intenciones.

Durante un tiempo, su queja principal era que la iglesia estaba enfocada hacia adentro y que no salía de las cuatro paredes. Luego, cuando la iglesia comenzó a llenarse de gente nueva, tampoco le pareció eso porque, según él, ahora ya no nos importaban las personas que habían estado allí durante años y que habían pagado el precio para que la iglesia se fortaleciera. Decía que solo estábamos creciendo porque nos estábamos robando las ovejas de otras iglesias (lo cual no era cierto). En pocas palabras George no quería que las cosas cambiaran.

George consumió gran parte de mi energía emocional como pastor. En repetidas ocasiones amenazó con irse de la iglesia. Creo que en el fondo sabía lo que todos sabíamos: que ninguna otra iglesia lo

---

17. Chambers, *My Utmost for His Highest*, 58.

toleraría. Finalmente, un día lo llamé y le dije: "George, sabes que te amo, pero no más cartas ni correos electrónicos. No puedo escuchar lo que está en tu corazón en un correo electrónico, y tú no puedes escuchar lo que está en el mío. De ahora en adelante, si tienes alguna inquietud o queja, tendrás que decírmelo cara a cara".

Al parecer las cosas mejoraron, al menos por un tiempo. Nunca me envió otra carta, pero continuó difundiendo negatividad en la iglesia. Llegó al punto de que George era más como un mosquito que un perro de ataque, más molesto que peligroso.

Lo más triste para mí era que George no estaba siendo transformado. Él era una persona malhumorada y siempre lo había sido según todos los que tenían tiempo de conocerlo. No solo pasaba en la iglesia. No era un buen esposo para su esposa; sus hijos no querían estar cerca de él; y no tenía alegría en su vida. Lo más sorprendente era que había asistido a la iglesia durante sus más de sesenta años. Quizás lo peor de todo era que a nadie le sorprendía que no cambiara, y a nadie le molestaba en particular. Ya se habían resignado. "Es que George es así", decían. Nadie esperaba que él creciera a la semejanza de Jesús.

Al pensar en George, he llegado a creer que cuando hablamos sobre la salud de una iglesia nos equivocamos al preguntar: "¿Cuántas personas asisten?". Una mejor pregunta, o al menos una que nos puede llevar en la dirección correcta, es preguntar: "¿Cómo son estas personas?"[18]. Cuando alguien se convierte en cristiano, el objetivo no es solo aprender a seguir a Cristo, sino también vivir una vida cristiana. Este es el objetivo principal del discipulado en el sendero en la gracia.

La meta del discipulado

Cuando Pablo escribió sobre los dones del ministerio, habló de apóstoles, profetas, evangelistas, pastores y maestros, y que su propósito en conjunto sería "perfeccionar a los santos para la obra del

---

18. Bill Hull, *The Disciple-Making Pastor* (Old Tappan, NJ: Revell, 1988), 13.

ministerio, para la edificación del cuerpo de Cristo" (Efesios 4.12). Hay mucho que analizar en esas palabras en relación con el discipulado, pero comencemos con el concepto de "cuerpo".

El cuerpo es una analogía intrigante porque cada vez que se menciona el crecimiento espiritual existe la suposición de que algo está vivo. Todos los seres vivos crecen. Las cosas muertas permanecen estáticas o se descomponen. Solo los seres vivos crecen. Las cosas inanimadas no crecen. Un mueble no crece. Una roca no crece. Solo los organismos crecen.

Un organismo puede ser (1) un ser vivo como una planta, animal o persona, o (2) un sistema funcional de partes interdependientes de las que se compone una criatura o cosa viviente. Las plantas son organismos. Las plantas no pueden crecer sin luz solar, agua y nutrientes. Necesitan un ecosistema para sostener su crecimiento o terminarán muriendo. Nuestros cuerpos humanos también son organismos. La anatomía humana es un sistema de partes que funcionan de manera interdependiente, es decir, un sistema operativo diseñado para trabajar en conjunto: "el cuerpo es uno y tiene muchos miembros" (1 Corintios 12.12). Cuando una de nuestras partes no funciona correctamente, independientemente de lo insignificante que pueda parecer, puede sacar de balance a todo el sistema haciéndonos propensos a enfermarnos.

Cuando Pablo dice que somos el cuerpo de Cristo, él está haciendo hincapié en que la iglesia también es un organismo, compuesto de personas vivas y dinámicas, que como partes interdependientes trabajan en conjunto con el fin de obtener salud y vitalidad por el poder del Espíritu Santo. "De hecho, el cuerpo no consiste en un miembro sino en muchos" (1 Corintios 12.14). Cuando las partes no funcionan juntas de manera integral, el cuerpo se enferma y debilita. Por el contrario, cuando las partes están conectadas y crecen juntas a base de una buena nutrición, la vitalidad y la salud son el resultado, se comienza a formar una figura y se logra el objetivo final (telos) . Edificamos el cuerpo, "hasta que todos lleguemos a la unidad de la fe y del conocimiento del Hijo de Dios, a un *varón perfecto*, a la medida de la *estatura de la plenitud de Cristo*" (Efesios 4.13, énfasis agregado). El objetivo de la madurez cristiana es la medida de la estatura de la plenitud de Cristo: la semejanza a Cristo. No existe otro, y ese también es el objetivo para la iglesia. Cuando nuestros miembros individuales se unen, es para parecerse al cuerpo de Cristo. Además, en caso de que lo hayamos pasado por alto la primera vez, Pablo reitera que debemos crecer "en todo en aquel que es la cabeza, esto es, Cristo, de quien todo el cuerpo" recibe su crecimiento, cumpliendo así el propósito para el cual fue creado (v. 15).

El objetivo de todo crecimiento espiritual, individual y comunitario, personal y corporativo, es llegar a ser más y más como Jesús. El acto o proceso de llegar a ser como Jesús es la santificación, y es posible por la gracia santificadora.

La santidad no es opcional

En el idioma griego, la santificación está relacionada con la palabra "santo" (*hagios*). La teología de la santidad wesleyana sostiene que las buenas nuevas del evangelio no es solo que algún día estaremos con Dios cuando muramos, sino también que la opción de la vida abundante en el reino de Dios es para ahora, justo donde estamos. El plan de Dios es que su imagen en nosotros que fue estropeada por la caída sea restaurada a toda su belleza y gloria, para que nos convirtamos en su obra maestra, reflejando la semejanza de Cristo en lo que pensamos, decimos y hacemos. A eso le llamamos santificación, y en eso nos estamos convirtiendo. No es algo opcional para un cristiano en crecimiento.

Cuando compramos un automóvil, el vendedor nos informa que hay equipos estándar y accesorios opcionales. Sabemos que vamos a obtener un volante y cinturones de seguridad y un espejo retrovisor porque es un equipo estándar: todos los automóviles los tienen. Sin embargo, si queremos ventanas automáticas, llantas de aleación y un techo corredizo, tenemos que hacer el pedido porque son accesorios opcionales, lo que significa que no todos los autos los tienen. La santificación no es un accesorio opcional para un discípulo de Jesús. Es un equipo estándar para cada modelo. Alcanzar la semejanza de Cristo es una expectativa porque el crecimiento no es una opción. Siempre estamos creciendo para llegar a algo, siempre en el proceso de formación espiritual.

Nuevamente, Pablo afirma esto en Romanos 12 cuando dice: "No os conforméis a este siglo, sino transformaos por medio de la renovación de vuestro entendimiento, para que comprobéis cuál sea la buena voluntad de Dios, agradable y perfecta" (12.2). Conformados o transformados, esas son nuestras dos únicas alternativas. Si no estamos siendo transformados (cambiados de adentro hacia afuera) por el poder renovador de Dios, entonces estamos siendo conformados (formados y moldeados) por las fuerzas opuestas a Dios que abundan en el mundo. La pregunta no es si va a ser formado espiritualmente; la pregunta es ¿qué lo formará? Si Dios no nos está formando, hay un enemigo espiritual, un adversario, el maligno, que estaría perfectamente feliz de configurar nuestras vidas.

En pocas palabras, el mundo separado de Dios deforma y degrada a las personas. Dios reforma y transforma. Es por eso que la santificación, vivir a la manera de Cristo, es tan importante. Pocas palabras resumen mejor la voluntad de Dios para la vida humana que las que encontramos en este pasaje de la Escritura: "Pues la voluntad de Dios es vuestra santificación" (1 Tesalonicenses 4.3); y "Seguid la paz con todos, y la santidad, sin la cual nadie verá al Señor" (Hebreos 12.14). La orden de buscar la paz y la santidad implica acción sobre la pasividad. El crecimiento espiritual de una persona se llama santificación o santidad. La santificación inicial y la entera santificación no son lo mismo, pero el objetivo de toda santificación es llegar a ser como Jesús. Esta es la voluntad de Dios para la vida de cada cristiano porque, si no "crecemos en todo en aquel que es la cabeza, esto es, Cristo", estamos siendo formados por algo más que el amor santo (Efesios 4.15).

Una ecuación para el crecimiento espiritual

El discipulado no es opcional. La mayoría de los cristianos no ponen en tela de duda ese punto. La verdadera pregunta es, ¿cómo se produce este crecimiento? En su libro *Rethinking the Church (Repensando la Iglesia)*, James Emery White explica lo que mucha gente cree sobre el proceso de discipulado. La fórmula que él ofrece es parecida a una ecuación matemática:

Salvación + Tiempo + Aplicación individual = Cambio de vida

La fórmula se desarrolla en base a cuatro supuestos: (1) el cambio de vida ocurre en la salvación; (2) continúa ocurriendo naturalmente con el tiempo; (3) se logra en gran medida por un acto de la voluntad; y (4) se logra mejor solo.[19] Observemos cuidadosamente la hipótesis propuesta.

Primero, "salvación". La salvación es una transformación tan radical de nuestro ser ("nuevo nacimiento") que hay un cambio inmediato del corazón que se traduce en una conversión milagrosa de los deseos, hábitos, actitudes y carácter. Los cristianos nacen, no se hacen. Dado que la salvación cambia el estado de nuestra relación con Dios, altera nuestro destino eterno e introduce el poder y la obra del Espíritu Santo en nuestras vidas, se espera un crecimiento inmediato y sustantivo. Esa es la premisa de la salvación.

Segundo, "tiempo". Si bien el proceso de transformación se produce en la conversión, es obvio que una persona no alcanza el pleno

---

19. James Emery White, *Rethinking the Church: A Challenge to Creative Redesign in an Age of Transition* (Grand Rapids: Baker Books, 1997), 55.

crecimiento cuando se convierte en cristiana. Todavía hay focos de resistencia y egoísmo que deben abordarse dice White, pero esas son cosas que se deben tratar con el paso del tiempo[20]. Por lo tanto, la fórmula deduce que un cristiano de cinco años tendrá cinco años de madurez espiritual y un cristiano de diez años tendrá diez años de madurez, y así sucesivamente. La fe no tiene otra opción que crecer con el tiempo, así que todo lo que tenemos que hacer es leer la Biblia y asistir a la iglesia en la medida de lo posible, y el fruto del Espíritu se multiplicará y nos volveremos más como Jesús. Esa es la premisa del tiempo.

Tercero, "aplicación individual". Esto tiene que ver con la fuerza de voluntad de una persona. La idea es que lo que no suceda naturalmente con el tiempo se complementará con determinación y esfuerzo humano. Todo lo que una persona debe hacer es decidir vivir y actuar de cierta manera (y agregarle un poco de perseverancia), porque la vida cristiana se sustenta en actos de la voluntad. Suficiente tiempo más nuestra fuerza de voluntad producirán el fruto del Espíritu. Esa es la premisa de la aplicación individual.

Finalmente, "se logra mejor solo". La suposición final de la ecuación del discipulado es la independencia, o que una relación personal con Jesucristo es equivalente a una relación privada.[21]

Así se ve la ecuación, pero rara vez nos molestamos en preguntar si esas premisas son válidas. ¿Es así como ocurre el discipulado? ¿Comenzamos a crecer automáticamente en nuestra vida espiritual después de la salvación? Cuando alguien se convierte en cristiano, ¿hay un cambio inmediato y profundo de hábitos, actitudes y transformación del carácter? ¿Los cristianos crecen solo con el pasar del tiempo y solo con la fuerza de voluntad? Debido a que nuestra relación

---

20. White, *Rethinking the Church*, 56.

21. La idea de que una relación personal con Cristo es sinónimo de una relación privada con Jesús es mucho más frecuente en la sociedad occidental que en otras partes del mundo. El individualismo se considera una virtud cultural en los Estados Unidos.

con Dios es personal, ¿es mejor que los discípulos de Jesús operen de manera solitaria? Si estas suposiciones son correctas, debe haber una amplia evidencia de ello en la iglesia. Si son ciertas, señala White, entonces si simplemente seguimos la ecuación nos debería ofrecer consistentemente los mismos resultados: individuos que profesan la fe cristiana y el cuerpo de Cristo reflejan cada vez más la imagen de Jesús en su forma de pensar, hablar y actuar.[22] Sin embargo, hay razones importantes por las que la fórmula no está del todo completa.

Para empezar, los discípulos de Jesús nacen y se hacen. La gracia salvadora cambia nuestro estado relacional con Dios, nuestro destino eterno e introduce el poder y la obra del Espíritu Santo en nuestras vidas. Sin embargo, como vemos en las enseñanzas del Nuevo Testamento, los nuevos cristianos aún no son maduros. Ser cristiano no se traduce automáticamente en llegar a ser como Cristo. Se necesita desarrollo. La virtud crece con el tiempo a través de prácticas específicas.[23] A la luz de estas realidades, consideremos un enfoque más bíblico de cómo se produce el crecimiento espiritual a través de la gracia santificadora.

1. El crecimiento espiritual puede comenzar en la salvación, pero seguimos creciendo en la gracia a lo largo de nuestras vidas. Hay una diferencia entre la santificación y la entera santificación. El debate siempre pareciera ser si la santificación es instantánea o gradual. ¿Sucede en un momento crítico o es un proceso? La respuesta es ambas.[24] La gracia santificadora comienza en el momento en que

---

22. White, *Rethinking the Church*, 57.

23. N. T. Wright define el concepto cristiano de virtud como la transformación del carácter. Wright, *After You Believe: Why Christian Character Matters* (New York: HarperCollins Publishers, 2010). Se dedicará mucho más tiempo a la comprensión de la virtud en el capítulo 5, "La gracia sustentadora".

24. El tema de la crisis o proceso, instantáneo o progresivo, en la experiencia de la entera santificación ha sido históricamente un tema de gran debate en los círculos wesleyanos de santidad. El mismo Juan Wesley enfatizó constantemente la necesidad de ambos, y los primeros líderes nazarenos generalmente fueron cuidadosos en sugerir un equilibrio. El superintendente general RT Williams declaró lo siguiente a la

experimentamos la gracia salvadora. Los teólogos se refieren a ella como "santificación inicial", que es seguida por un crecimiento espiritual en la gracia, hasta que, en un momento de plena consagración y completa entrega de nuestra parte, Dios purifica y limpia el corazón. Esta es una experiencia a la que se hace referencia como entera santificación o "perfección cristiana"[25]. Sin embargo, incluso después de ese momento de plena consagración a Dios, continuamos creciendo en gracia y nunca dejamos de crecer mientras vivamos.

Los Artículos de Fe de la Iglesia del Nazareno declaran: "Creemos que hay una clara distinción entre el corazón puro y el carácter maduro. El primero se obtiene instantáneamente como resultado de la entera santificación; el segundo es resultado del crecimiento en la gracia". Cuando respondemos con fe a la gracia preveniente, recibimos la gracia salvadora. Hay una reorientación radical de nuestras prioridades, una reconstitución de nuestros deseos y el poder y la obra del

---

Asamblea General de la Iglesia del Nazareno de 1928: "La iglesia debe poner énfasis tanto en la crisis como en el proceso de la religión. Durante muchos años, las personas de santidad sintieron que la obra a la que fueron llamados terminaba en el altar, cuando las multitudes que se acercaban recibían la bendición de la regeneración y la santificación, pero se hizo evidente que nuestro trabajo solo había comenzado en este punto. La Iglesia del Nazareno combina estos dos grandes principios, es decir, la crisis y el proceso. Llevar [a las personas] a Dios y la edificación del cuerpo de Cristo en la salvación inicial y el desarrollo del carácter cristiano". *General Assembly Journal*, 1928, mencionado en Dunning, *Pursuing the Divine Image*, Kindle Location 2176, nota al pie 26.

25. La perfección cristiana es una frase bíblica y de uso frecuente a lo largo de la historia cristiana. Los padres y madres de la iglesia primitiva equipararon la perfección con la idea de *theosis*, o deificación: participar de la naturaleza divina. Sin embargo, el concepto moderno de perfección se entiende de manera diferente. Nunca se ha enseñado con precisión como una "perfección sin pecado" o, como escribe Thomas Noble, "la idea de que dentro de esta vida, los cristianos podrían alcanzar ese estado final y absoluto de perfección en el que fueran sin pecado y perfectamente santos". T. A. Noble, *Holy Trinity, Holy People: The Historic Doctrine of Christian Perfecting* (Eugene, OR: Cascade Books, 2013), 22. Para evitar la confusión de la interpretación moderna y para resaltar los aspectos dinámicos del crecimiento en la gracia, Noble sostiene: "Dado ese concepto dinámico de la perfección del movimiento, en lugar de la llegada final, puede ser preferible expresar este significado de la palabra griega no usando la palabra 'perfección', sino traduciéndola como 'que perfecciona'". Ibíd., 24.

Espíritu Santo se desatan en nuestras vidas. En lugar de la liberación instantánea de cada hábito perjudicial, defecto de carácter o mala inclinación que alguna vez hayamos poseído, Dios continúa obrando en nosotros para formarnos en lo que Él quiere que seamos. La meta de todo discipulado cristiano es volverse cada vez más como Jesús. Es por eso que Pablo razona, así como no esperamos que los bebés sigan siendo bebés, así como queremos que crezcan y maduren hasta convertirse en adultos que funcionen plenamente, también debemos esperar que los cristianos tampoco sigan siendo bebés espirituales. El crecimiento espiritual comienza en la salvación, pero continuamos creciendo en gracia a lo largo de toda nuestra vida. El año próximo debemos parecernos, actuar y pensar más como Cristo para que progresemos mediante la gracia santificadora.

2. **El crecimiento espiritual implica más que solo tiempo.** Es probable que la mayoría de mis amigos no sepan o se hayan olvidado de que puedo tocar el piano. He tocado el piano por más de cuarenta años. Cuando tenía diez años, practicaba casi todos los días (con mucha supervisión de mi madre, que priorizaba la práctica del piano sobre el fútbol americano). Ahora toco con mucha menos frecuencia, aproximadamente una vez al año. Si alguien me preguntara cuánto tiempo llevo de tocar, estaría diciendo la verdad si digo cuatro décadas, pero el resto de la historia es que no he pasado todas esas cuatro décadas practicando de manera intencional. Hay niños en la iglesia que solo han tocado el piano por unos años y que ya pueden tocar mejor que yo, a pesar de que técnicamente he tocado por mucho más tiempo.

Esto también aplica en nuestra vida espiritual. El simple hecho de estar expuesto a la información no significa que las personas la absorban, entiendan, acepten y la vivan. Si bien es cierto que el crecimiento espiritual lleva tiempo, no es cierto que la gracia santificadora sea inherentemente un producto del tiempo, ni tampoco un subproducto de ser expuesto a la cultura cristiana[26]. Las iglesias están llenas de personas que han pasado años siendo cristianas, pero sus vidas reflejan muy poco del Espíritu de Jesús. Son críticos, irritables, cínicos, negativos y egoístas. Muchos de ellos son como George que asistía a la iglesia que solía pastorear: no están creciendo a la semejanza de Jesús cada año. La razón es muy sencilla.

3. El crecimiento espiritual no es tanto una cuestión de tiempo, sino una cooperación con Dios y un entrenamiento intencional. El escritor de Hebreos dice: "Porque debiendo ser ya maestros, después de tanto tiempo, tenéis necesidad de que se os vuelva a enseñar cuáles son los primeros rudimentos de las palabras de Dios. Y todo aquel que participa de la leche es inexperto en la palabra de justicia, porque es niño; pero el alimento sólido es para los que han alcanzado madurez, para los que *por el uso* tienen los sentidos ejercitados en el discernimiento del bien y del mal. Por tanto, dejando ya los rudimentos de la doctrina de Cristo, vamos adelante a la perfección" (Hebreos 5.12—6.1, énfasis agregado)[27]. Si tomamos la frase "después de tanto tiempo", podemos asumir que esta parte de la Escritura fue escrita para creyentes que ya habían sido cristianos por algún tiempo. En lugar de convertirse en guías en el sendero en la gracia a través de sus palabras y su ejemplo, todavía estaban comiendo comida para bebés. El medio por el que podemos llegar a alimentarnos con una dieta de adultos para convertirnos en cristianos maduros es el entrenarnos en

---

26. White, *Rethinking the Church*, 59.

27. A Wesley le gustaba describir la santificación como la perfección cristiana, e incluso tituló su catecismo doctrinal más famoso: *A Plain Account of Christian Perfection*. Al argumentar de que la experiencia del amor perfecto, o "el ser perfeccionados en el amor de Dios", puede lograrse en esta vida, señala: "(1) que existe la perfección; porque se menciona una y otra vez en las Escrituras. (2) No sucede tan temprano como la justificación; porque las personas justificadas deben 'ir a la perfección'. (Heb. 6.1) (3) Ni tan tarde como la muerte; San Pablo habla de hombres vivos que eran perfectos. (Filipenses 3.15)". Wesley, *A Plain Account of Christian Perfection, Annotated*, eds. Randy L. Maddox y Paul W. Chilcote (Kansas City, MO: Beacon Hill Press of Kansas City, 2015).

la rectitud, un entrenamiento que nos ayudará a reconocer la diferencia entre el bien y el mal y a distinguir entre lo bueno y lo mejor. Esto es avanzar hacia la perfección cristiana, o una madurez en Cristo que les permite a los creyentes arrepentidos apartarse de los aspectos de la carne que aún permanecen en el corazón.[28]

La frase "los sentidos ejercitados" en el pasaje de las Escrituras en Hebreos es intrigante. Implica un esfuerzo intencional e implica que los cristianos debemos participar en nuestro propio crecimiento espiritual en Cristo. Otros ejemplos abundan: "¡Equípate! ¡Fortalece tu fe! ¡Corre la carrera! ¡Cuida tu corazón!". Todos estos son mandatos bíblicos para reflejar en el mundo la obra que Dios está haciendo en nuestro interior. Este entrenamiento se lleva a cabo mediante prácticas específicas, o medios de gracia, que Juan Wesley llamó obras de piedad y obras de misericordia.[29] Las obras de piedad incluyen los medios de gracia instituidos como la oración, la lectura de la Biblia, el ayuno, participar en la santa cena, el bautismo y pasar tiempo con otros cristianos. Las obras de misericordia también son un medio de gracia en el servicio a los demás, como "alimentar al hambriento, vestir al desnudo, recibir al extranjero, visitar a los que están en la cárcel

---

28. Juan Wesley, en un sermón titulado *"The Repentance of Believers"* [El arrepentimiento de los creyentes], enfatizó la necesidad continua del arrepentimiento entre los cristianos que buscan la vida santa. En un documento circulado en una conferencia de santidad, uno de mis profesores de teología del seminario, Rob L. Staples, dijo: "La santificación completa puede entenderse como un compromiso total con nuestro destino de *theosis* [la renovación a la imagen de Dios] y el continuo arrepentimiento y la limpieza resultante de cualquier cosa que impida o diluya tal compromiso, o a lo que Wesley llamó 'el arrepentimiento de los creyentes' que, según él, es 'un requisito en cada etapa posterior de nuestro recorrido cristiano'". Staples, *"Things Shakable and Things Unshakable in Holiness Theology," Revisioning Holiness Conference, Northwest Nazarene University, February 9, 2007.*

29. Por "medios de gracia" entiendo las señales exteriores, las palabras o acciones ordenadas e instituidas por Dios con el fin de ser los canales ordinarios por medio de los cuales Él puede comunicar a la criatura humana su gracia anticipante, justificadora y santificadora". Wesley, *"Sermon 16: The Means of Grace",* II.1, http://wesley.nnu.edu/john-wesley/the-sermons-of-john-wesley-1872-edition/sermon-16-the-means-of-grace/. Los medios de gracia a veces también se llaman disciplinas espirituales.

o enfermos e instruir a los que no están informados"[30]. Practicamos los medios de gracia incluso cuando los recibimos como un regalo; nuestra participación es necesaria.[31]

Sin embargo, debemos tener cuidado de no confundir la participación con el control. No controlamos nuestro crecimiento espiritual, ni siquiera lo causamos. Hay algunas cosas que están dentro de nuestro control. Podemos hacer una llamada telefónica, conducir un automóvil o hacer una diligencia. También hay cosas por las que no podemos hacer nada al respecto. No podemos cambiar el clima. No podemos cambiar nuestros genes. Hay cosas que podemos controlar y otras que no, ambas existen.

Sin embargo, también hay una tercera categoría: las cosas que no controlamos pero con las que podemos cooperar. Piense en el sueño. Si alguna vez ha tenido hijos, tal vez esté familiarizado con tener que decirles que se vayan a dormir. A veces responden diciendo: "¡No puedo!". Hasta cierto punto tienen razón. No pueden dormirse de la misma manera que usted puede hacer una llamada telefónica. Como padres, les aseguramos a nuestros hijos que hay ciertas cosas que pueden hacer para ayudarles a dormir. Pueden prepararse para dormir. Pueden acostarse en la cama, apagar las luces, cerrar los ojos, escuchar música suave y ¡llegará el sueño! No pueden controlarlo, pero tampoco están indefensos. Pueden prepararse para dormir y dejar que el sueño les llegue sigilosamente. Lo mismo pasa con el crecimiento espiritual. No podemos santificarnos a nosotros mismos o hacernos como Jesús. El Santo nos hace santos. Dios es nuestro santificador. Sin embargo, como en nuestra salvación, la cooperación es necesaria.

---

30. Joel B. Green y William H. Willimon, eds., *Wesley Study Bible New Revised Standard Version* (Nashville: Abingdon Press, 2009), 1488, nota al pie "*Going on to Perfection*".

31. Para obtener más información sobre los medios de la gracia, consulte el capítulo 5, "Gracia sustentadora".

No nos salvamos a nosotros mismos, pero debemos decirle que sí a la gracia salvadora.

El eminente maestro de discipulado Dallas Willard dijo la famosa frase: "La gracia no se opone al esfuerzo; se opone cuando tratamos de ganarla"[32]. La gracia va más allá de la regeneración, justificación y el perdón. La gracia es necesaria para todo el camino del discipulado. Aun así, quizás el gran peligro de nuestro tiempo no sea pensar que estemos haciendo demasiado en nuestra formación en el discipulado, sino asumir que no tenemos que hacer nada. La pasividad puede ser tan peligrosa como el legalismo. Cuando Pablo dice que nos despojemos del viejo yo y nos pongamos el nuevo, seguramente quiere decir que debemos hacerlo con la ayuda de Dios. Pablo es inflexible en esto: "Ejercítate para la piedad" (1 Timoteo 4.7), y nuevamente, "¿No sabéis que los que corren en el estadio, todos a la verdad corren, pero uno solo se lleva el premio? Corred de tal manera que lo obtengáis" (1 Corintios 9.24).

La gracia significa que Dios ha hecho todo lo que no pudimos hacer por nosotros mismos, pero no significa que ahora nos convirtamos en consumidores que no contribuyan en nada a la relación. Esta idea errónea pone en evidencia el concepto del discipulado sin involucramiento personal que muchos cristianos han adoptado, dando como resultado una falta de crecimiento y madurez espiritual. Por lo tanto, Dallas Willard también dijo: "Sabemos, como dice Jesús, 'porque separados de mí nada podéis hacer.' (Juan 15.5)… pero debemos ponerle atención a la otra cara de la moneda en ese versículo: 'Si no hacen nada, lo harán apartados de mí'. Y esta es la parte que más nos cuesta escuchar"[33]. Cooperamos con la gracia activa de Dios al reordenar nuestras vidas en torno a aquellas actividades, disciplinas y prácticas

---

32. Dallas Willard, *The Great Omission: Reclaiming Jesus's Essential Teachings on Discipleship* (New York: HarperCollins, 2006), 61.

33. Willard, *"Spiritual Formation: What It Is, and How It Is Done,"* s.f., http://www.dwillard.org/articles/individual/spiritual-formation-what-it-is-and-how-it-is-done.

que fueron modeladas por Jesucristo. Además, participamos en ellas no para ganarnos nuestra santificación, sino para lograr mediante el entrenamiento lo que no podemos hacer simplemente "esforzándonos más".

4. El crecimiento espiritual es un esfuerzo comunitario. Los lectores occidentales tienden a sorprenderse ante el énfasis comunitario que Pablo le pone a nuestro caminar en la gracia; pero muchas culturas no occidentales saben muy bien que es imposible recorrer el camino solos. Leyendo nuevamente de su máximo tratado teológico respecto a la iglesia: "Él [Cristo] de quien todo el cuerpo, bien concertado y unido entre sí por todas las coyunturas que se ayudan mutuamente. Según la actividad propia de cada miembro, *recibe su crecimiento* para ir edificándose en amor" (Efesios 4.16, énfasis agregado). Por más chocantes que puedan ser estos versículos para las culturas acostumbradas a inclinarse ante el altar del individualismo, incluida la espiritualidad individualista, Pablo afirma sin reparo que nuestro discipulado nunca tuvo el propósito de ser un acto en solitario. Cada "parte" (individual) del cuerpo es importante y tiene una función única que cumplir, pero, claramente, todo el trabajo individual tiene un propósito combinado: ayudar a las otras partes a crecer.

Es sinergia sagrada. "Sinergia" proviene de la palabra griega *synergos*, que significa "trabajar juntos". Se ha dicho que el trabajo de un todo es mayor que la suma individual de sus partes, o que la combinación de partes individuales produce un impacto mayor que el que podría tener uno solo. La sinergia se encuentra en la naturaleza, los negocios, los deportes y las relaciones familiares. Es el poder de la interdependencia, la reciprocidad y la mutualidad.[34]

---

34. Para obtener más información sobre la comprensión bíblica de la interdependencia, consulte la enseñanza de Pablo en el Nuevo Testamento sobre el cuerpo humano como una metáfora de la iglesia (1 Corintios 12, Efesios 4). Para obtener más información sobre la reciprocidad, consulte la enseñanza de Pablo sobre el matrimonio cristiano (Efesios 5).

Un ejemplo popular de mutualidad es la relación entre las cebras y unos pájaros muy pequeños llamados picabueyes. Los picabueyes se comen las garrapatas en el lomo de las cebras, actuando como una especie de control de plagas; los picabueyes también emiten un silbido cuando están asustados, lo que sirve como un sistema de alarma para las cebras cuando hay depredadores cerca. Las cebras proporcionan abundante alimento a las aves y estas les proporcionan a aquellas buena higiene y atención sanitaria. Estos dos animales son completamente diferentes en muchos sentidos, pero cada uno necesita del otro para salir adelante.

La sinergia también es la marca de un cuerpo sano que está en crecimiento y lleno de amor perfecto (lo que en griego se llama ágape). La rendición de cuentas, exhortación, amonestación, oración de intercesión y el apoyo mutuo no pueden llevarse a cabo alejados de otras personas. Juntos nos convertimos en un pueblo santo. Escuchamos la voz de Dios más claramente cuando estamos en comunidad. El amor es superficial hasta que se vive en el contexto de las relaciones reales. ¡El sendero en la gracia es una actividad en equipo![35]

Así que aquí están, una al lado de la otra. Dos ecuaciones distintas para el crecimiento en el discipulado.

La ecuación popular:

Salvación + Tiempo + Fuerza de voluntad
individual = Crecimiento espiritual

La ecuación de santidad:

Gracia + cooperación con Dios + comunidad
cristiana = semejanza a Cristo

Los cristianos están llamados a crecer en la gracia, que es otra forma de decir que debemos crecer a la semejanza de Jesús. Recibimos

---

35. White, *Rethinking the Church*, 61. Vea también el capítulo 5 y el énfasis en la responsabilidad cristiana y la gracia sustentadora.

una nueva vida de Cristo para que podamos crecer en Cristo. Dios reconstruye y remodela. Es la gracia santificadora. No conozco a nadie que lo diga de una manera más llamativa que CS Lewis:

Imagínate a ti mismo como una casa viva. Dios entra para reconstruir esa casa. Al principio, tal vez, puedas entender lo que está haciendo. Está arreglando los desagües, tapando las goteras en el techo y demás; tú sabías que era necesario realizar esos trabajos y por eso no te sorprendes. Pero entonces comienza a golpear la casa de una manera que duele abominablemente y no parece tener ningún sentido. ¿Pero qué se supone que está haciendo? La explicación es que él está construyendo una casa bastante diferente de la que te imaginabas: construir una nueva sección por aquí, poner un piso adicional allí, levantar torres por allá, hacer patios. Creías que te convertirías en una casita decente, pero él está construyendo un palacio. Él tiene la intención de venir y morar allí[36].

Dios no solo nos salva, sino que también nos transforma. Nos acepta donde estamos, pero nos ama lo suficiente como para no dejarnos allí. Reimagina, reconstruye y remodela. Cuando nos ofrecemos en completa consagración y total entrega a Dios el Padre, Dios el Espíritu Santo limpia y purifica nuestros corazones, reconstruyéndonos a la imagen de Dios el Hijo. Llegamos a ser semejantes a Cristo en nuestros pensamientos, palabras y acciones. Nuestra casa está bajo nueva administración.

"Santidad significa que no hay un rincón de tu vida que esté fuera del control de Jesucristo"[37]. Quitamos nuestras manos de las riendas y dejamos que Jesús esté a cargo y que dé las órdenes. Decimos:

---

36. CS Lewis, *Mere Christianity* (New York: Touchstone, 1996), 175-76.

37. Escuché por primera vez a Dennis Kinlaw usar esta expresión en un sermón de la capilla del seminario en 1991. También fue la primera vez que recuerdo haber entendido que el control de Dios sobre mi vida no era un deseo de manipulación por parte de Dios, sino un anhelo de intimidad. En mi opinión, Kinlaw fue uno de los mejores predicadores de Santidad de finales del siglo XX y principios del siglo XXI, hasta su muerte en 2017.

"Has sido mi Salvador (salvación); ahora doblo mis rodillas y te hago mi Señor (santificación)". Somos apartados para un propósito sagrado, y el amor perfecto de Dios comienza a fluir a través de nosotros. Comenzamos a amar a Dios verdaderamente con todo nuestro corazón, mente y fuerza, y a nuestro prójimo como a nosotros mismos.

Definamos la entera santificación

Unas últimas palabras adicionales sobre lo que se entiende por entera santificación. "Entera" no se refiere a una obra completa de Dios en nosotros, pero en un sentido muy real, sí es completa. Dios obra continuamente dentro de nosotros y en todo nuestro ser, por lo que, en ese sentido, la obra maestra de nuestra vida continúa hasta la resurrección final de todas las cosas, incluida nuestra glorificación.[38] Somos seres integrales y tan "plenamente completos" por la gracia santificadora como lo podemos ser en ese momento. Nuestras vidas están marcadas por el exquisito esplendor del *shalom*. *Shalom* es lo que Dios concibió en la creación y lo que modela en nuestras vidas. *Shalom* ciertamente significa paz, pero también significa plenitud, integridad, unidad y cada parte trabajando en armonía con la meta (*telos*) para la que fuimos creados.

Como ya lo discutimos, la entera santificación es toda una vida de renuncia persistente al ego (la carne) y de sumisión continua que brota de una obediencia que no se resiste a los caminos y a la voluntad de Dios. Como Jesús dijo con mucha precisión: "Si alguno quiere venir en pos de mí [discípulos], niéguese a sí mismo [carne], tome su cruz cada día, y sígame" (Lucas 9.23)[39]. El resultado de esa vida centra

---

38. "La glorificación" se refiere al estado de un creyente después de la muerte y la resurrección final de todas las cosas. "Por la gracia de Dios finalmente seremos glorificados, resucitados con Cristo cuando regrese, y transformados a su semejanza completa, para disfrutar su gloria para siempre". Greathouse y Dunning, *An Introduction to Wesleyan Theology*, Además, Diane LeClerc se refiere a la glorificación como la santificación final en "que una persona es quitada de la presencia misma del pecado". LeClerc, *Discovering Christian Holiness*, 318.

39. En referencia a la idea de que la entera santificación implica una vida entera

en la cruz es una manifestación de la semejanza a Cristo del perfecto amor por Dios y el prójimo.

El décimo Artículo de Fe de la Iglesia del Nazareno articula la santificación de la siguiente manera:

Creemos que la santificación es la obra de Dios por medio de la cual transforma a los creyentes a la semejanza de Cristo. Ésta es efectuada mediante la gracia de Dios por el Espíritu Santo en la santificación inicial, o regeneración (simultánea a la justificación), la entera santificación y la obra continua de perfeccionamiento del creyente por el Espíritu Santo, culminando en la glorificación, en la cual somos completamente conformados a la imagen del Hijo.

Creemos que la entera santificación es el acto de Dios, subsecuente a la regeneración, por el cual los creyentes son hechos libres del pecado original o depravación, y son llevados a un estado de entera devoción a Dios y a la santa obediencia de amor hecho perfecto.

Es efectuada por la llenura o el bautismo con el Espíritu Santo; y en una sola experiencia incluye la limpieza de pecado del corazón y la morada permanente y continua del Espíritu Santo, capacitando al creyente para la vida y el servicio.

La entera santificación es provista por la sangre de Jesús, efectuada instantáneamente por la gracia mediante la fe y precedida por

---

de negarse a sí mismo (carne) y de llevar la cruz, "J.O. McClurkan, líder de una de las ramas sureñas [de los EUA] en el comienzo del Movimiento de Santidad, más tarde se refirió a este aspecto de la vida santificada como 'una muerte más profunda del yo' lo cual debería ocurrir de todas maneras a lo largo de la vida cristiana… A partir de su experiencia, él reconoció que no toda la vida se podía comprimir en un solo momento de experiencia". Dunning, *Pursuing the Divine Image*, Kindle Location 853. Para mayor información, ver William J. Strickland and H. Ray Dunning, *J. O. McClurkan: His Life, His Theology, and Selections from His Writings* (Nashville: Trevecca Press, 1998).

la entera consagración. El Espíritu Santo da testimonio de esta obra y estado de gracia.

Esta experiencia se conoce también con varios nombres que representan sus diferentes fases, tales como "la perfección cristiana", "el amor perfecto", "la pureza de corazón", "la llenura o el bautismo con el Espíritu Santo", "la plenitud de la bendición" y "la santidad cristiana".

Creemos que hay una clara distinción entre el corazón puro y el carácter maduro. El primero se obtiene instantáneamente como resultado de la entera santificación; el segundo es resultado del crecimiento en la gracia.

Creemos que la gracia de la entera santificación incluye el impulso divino para crecer en gracia como discípulo semejante a Cristo. Sin embargo, este impulso se debe cultivar conscientemente, y se debe dar atención cuidadosa a los requisitos y procesos del desarrollo espiritual y mejoramiento de carácter y personalidad a la semejanza de Cristo. Sin ese esfuerzo, el testimonio de uno puede debilitarse, y la gracia puede entorpecerse y finalmente perderse.

Al participar en los medios de gracia, especialmente en la comunión cristiana, en las disciplinas espirituales y en los sacramentos de la iglesia, los creyentes crecen en gracia y en amor sincero para con Dios y con el prójimo.[40]

Sin embargo, debemos terminar nuestra discusión sobre la gracia santificadora, y particularmente nuestro breve resumen de la entera santificación, con una simple pregunta: ¿para qué? ¿Por qué necesitamos esta santidad anhelada? ¿Cuál es la evidencia de una vida marcada por esa semejanza a Cristo?

---

40. Iglesia del Nazareno, *Manual 2017-2021.*

Volvamos al amor perfecto. La entera santificación no es el piná-
culo de la moralidad. Es la expresión más elevada del amor que se entrega así mismo. La entera santificación es el amor santo consumado
en nosotros. Es bien sabido que Wesley definió la entera santificación
como amor perfecto y este se convirtió en el ingrediente principal de
su enseñanza sobre la santidad. Mildred Bangs Wynkoop plantea este
punto, afirmando: "Las discusiones de Wesley sobre cualquier seg-
mento de la verdad cristiana lo llevaban rápidamente al amor. 'Dios
es Amor'. Cada aspecto de la expiación es una expresión de amor;
la santidad es amor; el significado de 'religión' es amor. La perfección cristiana es la perfección del amor. Cada paso de Dios hacia el
hombre, y la respuesta del hombre, paso a paso, tienen que ver con
el amor"[41]. Para enfatizar el punto, Wynkoop agrega: "Decir que la
santidad cristiana es nuestra raison d'être [razón de ser] es afirmar
nuestro compromiso con todo lo que es el amor, y ciertamente esa es
una responsabilidad muy seria"[42].

En resumen, el amor es la parte medular del asunto. Cualquier
cosa menor que el amor no alcanza el alto estándar que la "razón
de ser" de una vida santa establece. Cualquier interpretación de la
entera santificación desprovista de amor es hostil, legalista, crítica e
impura. Ágape (el amor cristiano) es el amor que mantiene a todos
los demás amores naturales en su debido orden.[43] El amor Ágape guía,

41. Mildred Bangs Wynkoop, A Theology of Love: The Dynamic of Wesleyanism
(Kansas City, MO: Beacon Hill Press de Kansas City, 1972), 36.
42. Wynkoop, A Theology of Love, 36.
43. Para obtener un resumen esclarecedor de los cuatro términos griegos para el
amor (eros, storge, philia y agape), recomiendo encarecidamente la breve exégesis de
Wynkoop bajo el título "Love and Fellowship" [Amor y compañerismo]. Ella sostiene
que todos menos el ágape son amores naturales que requieren poco esfuerzo. El ágape
no es solo una dimensión diferente del amor, sino también una cualidad por la que
se ordena la vida, que solo es posible gracias a la plenitud de Cristo. "El amor que
llamamos amor cristiano, entonces, no es un sustituto de los otros amores, ni es una
adición a esos amores, sino que es una cualidad de la persona en toda su entereza
en la medida que está centrada en Cristo. La orientación distorcionada hacia el yo,
que arruina a todas las demás relaciones porque las usa para beneficio personal (a

interpreta y controla todos los demás deseos. Dado a que se nos exhorta a aumentar en el amor ágape, entendemos que se nos imparte y se perfecciona; es un don pero también crece en nosotros por la presencia permanente del Espíritu Santo. Se necesita esfuerzo, pero también se nos imparte la gracia.

Somos atraídos por el amor santo por la gracia (preveniente) que nos busca. Somos conquistados por el amor santo a través de la gracia salvadora. Somos purificados y apartados por el amor santo a través de la gracia santificadora. Crecemos en gracia mientras abundamos en amor santo. Así es como experimentamos la plenitud de la vida en Cristo. Ahora pasamos a la importante pregunta de cómo somos sostenidos y sustentados por la gracia en el sendero del discipulado.

---

menudo de las maneras más sutiles y tortuosas), es restaurada gracias a la presencia permanente del Espíritu Santo. En esta relación, todas las demás relaciones de la vida se enriquecen, se embellecen y se santifican". Wynkoop, A *Theology of Love*, pág. 38.

5

LA GRACIA SUSTENTADORA

Y a aquel que es poderoso para guardaros sin caída, y presentaros sin mancha delante de su gloria con gran alegría, al único y sabio Dios, nuestro Salvador, sea gloria y majestad, imperio y potencia, ahora y por todos los siglos. Amén.

Judas 1.24-25

Llega un punto en la vida de cada cristiano cuando empiezan a darse cuenta de algo. A veces sucede de inmediato, y a veces sucede más adelante mientras avanzamos por el sendero en la gracia: existen aspectos de la vida que permanecen sin rendirse al señorío de Cristo. Hay habitaciones en mi casa que están siendo remodeladas (para volver a la ilustración de C. S. Lewis) que permanecen cerradas a la obra de Dios.

Debido a que Dios está inexorablemente comprometido con nuestra santidad, para hacernos cada vez más como Jesús, el Espíritu Santo comienza a sondear: "¿Será que todo es mío? ¿Cada parte de ti me pertenece? ¿Hay algo que estás ocultando?".

Nuestra primera respuesta puede ser el que digamos: "Puedes tener cualquier cosa menos (complete el espacio). Te he dado el 99 por ciento de mí. ¿No me puedo quedar con nada para mí? ¿Esperas que te de todo?"[1].

Con amor paciente y dedicación inquebrantable para cumplir el objetivo final (telos) de nuestro discipulado, el Espíritu de Jesús susurra: "Sí, todo. El cien por ciento. Nada puede quedar afuera". Pertenecerle completamente a Dios es participar de toda la vida que nos prometió. Entre más nos rindamos a Dios, mayor alegría y paz experimentaremos como resultado. Oswald Chambers creía que la vida eterna no es un regalo de parte de Dios, es el regalo de Él mismo. Además, el poder espiritual que Jesús les prometió a sus discípulos después de su resurrección y en anticipación al Pentecostés no es un don de parte del Espíritu Santo, sino que el poder es el Espíritu Santo (Hechos 1.8). El resultado es un suministro interminable de vida abundante que aumenta con cada cosa que renunciamos ante Dios. Una vez más, la idea de Chambers es esclarecedora: "Hasta el santo más débil puede experimentar el poder de la deidad del Hijo de Dios, cuando está dispuesto a 'soltar'. Pero cualquier esfuerzo por 'aferrarnos' a la mínima parte de nuestro propio poder solo disminuirá la vida de Jesús en nosotros. Tenemos que seguir soltando, y poco a poco, pero con seguridad, la gran vida plena de Dios nos invadirá, penetrando por todos lados"[2].

El corazón humano es el lugar donde se encuentran el pecado y la desobediencia, pero también es el lugar donde se encuentran la gracia y la santidad. En la gracia que nos busca, Dios corteja nuestro corazón; en la gracia salvadora, Dios captura nuestro corazón; en la gracia santificadora, Dios limpia nuestro corazón. Nuestra predisposición pasa de un corazón de sirviente al corazón de hijo. Nos damos

---

1. "Tenga cuidado de nunca pensar, 'Oh, eso en mi vida no importa mucho'. El hecho de que no le importe mucho a usted puede significar que le importa mucho a Dios. Nada debe ser considerado un asunto trivial por un hijo de Dios. Nada en nuestras vidas es un simple detalle insignificante para Dios". Chambers, *My Utmost for His Highest*, 76-77.

2. Chambers, *My Utmost for His Highest*, 74-75.

cuenta de que ya no servimos a Dios por temor a lo que pueda suceder si no obedecemos; en cambio, se nos ha dado un corazón lleno de amor que nos produce el deseo de obedecer. Sin embargo, no se equivoque: la demanda que Cristo nos hace a lo largo del sendero en la gracia es que le entreguemos nada menos que todo nuestro ser, completo, pleno, entero.

Santidad significa ser apartado para un propósito santo y estar tan llenos del Espíritu de Jesús que nuestra mentalidad, motivos y actitudes sean semejantes a los de Cristo. Nos negamos a nosotros mismos, lo que significa que renunciamos a nuestro derecho a "mí". Tomamos nuestra cruz, lo que significa que transferimos nuestros derechos a Jesús. Aquí está la sorprendente paradoja: solamente cuando renunciamos a nuestro derecho a "mí" y le transferimos nuestros derechos a Jesús, es que podemos encontrar la vida. Cuando perdemos nuestra vida en Cristo, la encontramos. Aquello que se le niega a Dios se pierde al final; lo que se entrega a Dios no se puede quitar. "Porque habéis muerto, y vuestra vida está escondida con Cristo en Dios" (Colosenses 3.3). La consagración es total.

Nuestra consagración a Dios no es la fuente de nuestra santificación. No podemos santificarnos a nosotros mismos; no podemos hacernos santos. El Espíritu de Jesús hace esto. No basta con querer ser como Jesús. El deseo no es suficiente, y el tratar de imitarlo no nos llevará muy lejos. Debemos tener el Espíritu de Jesús en nosotros, o como dice Pablo, Cristo debe ser formado en vosotros (Gálatas 4.19).

En muchos aspectos, los fariseos eran las mejores personas de la época de Jesús. Eran morales, limpios y buenos. Sin embargo, su bondad se derivaba de la modificación conductual y de sus intentos de ser santos mediante un sistema de control del pecado que nunca se ocupó de sus corazones. Querían ser piadosos y llevar una vida pura, pero su abnegación resultó ser egoísta y como producto de llevar su cruz su amor por los demás menguó. Uno solo puede controlar lo exterior por un cierto tiempo antes de que lo interior salga a relucir. Como lo mencioné anteriormente, cualquier cosa que esté en su corazón eventualmente se escapará. El cristiano fariseo, aquel que trata de llevar una vida santa mediante su autoesfuerzo y la carne, siempre quedará distante del amor perfecto porque no es suficiente querer ser como Jesús. El Espíritu de Jesús debe estar en nosotros. Este es el quid de la santidad del corazón. La gracia es necesaria para ser llenos del poder, ser habilitados y llevar una vida santa.

Dallas Willard explica que la vida santa en realidad requiere una mayor dosis de gracia que cualquier intento de imitar a Jesús a través de cometidos que requieran nuestra autodeterminación: "Si de verdad te gustaría ser un consumidor de la gracia, simplemente lleva una vida santa. El verdadero santo quema gracia como un avión 747 quema combustible al despegar. Conviértete en el tipo de persona que habitualmente hace lo que Jesús hizo y dijo. Consumirás mucha más gracia llevando una vida santa que pecando porque cada acto sagrado que hagas tendrá que ser afirmado por la gracia de Dios. Y dicha afirmación es totalmente el favor inmerecido de Dios en acción"[3]. Debemos tener el apoyo incesante de la gracia sustentadora de Dios, la gracia que evita que caigamos (Judas 1.24).

Dicho esto, la gracia sustentadora no anula la necesidad de nuestra participación. En el capítulo 4, vimos que la gracia significa que Dios ha hecho todo lo que no podíamos hacer por nosotros mismos, pero no significa que ahora nos hayamos convertido en "consumidores de la gracia" que no aportan nada a la relación. Cooperamos con la gracia activa de Dios al reordenar nuestras vidas en torno a aquellas actividades, disciplinas y prácticas que fueron modeladas por Jesucristo. Participamos en ellas no para ganar nuestra santificación, sino para lograr mediante el entrenamiento aquello que no podemos lograr esforzándonos más.

---

3. Willard, *The Great Omission*, 62.

Justicia impartida

Quizás nos sea de ayuda hacer un resumen sobre la diferencia entre la justicia imputada e impartida. Según Diane LeClerc, la justicia imputada es "la justicia de Jesús acreditada al cristiano, que luego permite que el cristiano sea justificado. Dios ve a la persona a través de la justicia de Cristo, pero esto no habla de la transformación interna y la limpieza del individuo por parte de Dios". La justicia impartida, por otro lado, es "el regalo que Dios le otorga por misericordia a un individuo justo en el momento del nuevo nacimiento; y allí Dios comienza el proceso de santificarnos"[4].

La diferencia entre las dos no es tan sutil como uno podría pensar. Una se refiere a la justicia acreditada, aplicada, por así decirlo; la otra es una justicia otorgada que mora por dentro. La justicia impartida puede entenderse como el don de Dios que le extiende las facultades a un discípulo de Cristo para esforzarse por conseguir la santidad, la santificación y el amor perfecto. Para ofrecer mayor claridad, Timothy Tennent capta bien la diferencia: "Como cristianos, sabemos que Dios toma a los pecadores y los viste con la justicia de Cristo (imputada). Luego, Dios obra en nosotros toda buena obra, de modo que la justicia que una vez simplemente se nos fue imputada, se convierte, en tiempo real, en justicia impartida, continuamente en aumento"[5].

---

4. LeClerc, *Discovering Christian Holiness*, 312. Es por eso que Juan Wesley se refirió al nuevo nacimiento como la santificación inicial. Aunque no niega al otro, la tradición reformada tiende a poner énfasis en la justicia imputada, mientras que la teología wesleyana de santidad pone el énfasis principal en la justicia impartida.

5. Timothy Tennent, *"Living in a Righteousness Orientation: Psalm 26"* Seedbed Daily Text, September 1, 2019, https://www.seedbed.com/living-in-a-righteousness-orientation-psalm-26/. Tennent agrega: "Solo en la nueva creación esto se completa totalmente, no obstante la santificación es el llamado de todo creyente, a ser apartado como santo, para que con todo nuestro corazón podamos alabar al Señor 'en la gran asamblea' (Salmo 26.12)

El optimismo de la gracia

Juan Wesley se caracterizaba por tener un optimismo muy fuerte acerca del potencial de la transformación debido a su comprensión de la justicia impartida. Al reconocer plenamente la devastación del pecado original, Wesley carecía de optimismo en la naturaleza humana. Sin embargo, estaba completamente convencido de que la gracia de Dios literalmente podía transformar una vida de adentro hacia afuera.

Una vez escuché a mi amigo Wesley Tracy referirse a eso como el "optimismo radical de la gracia". Para ilustrarlo, me contó una historia: Imagínate que una niña entra por la parte de atrás de la iglesia. Tiene once o doce años. Su ropa sucia y descuidada; su cabello maltratado y enredado. Huele a humedad, como si no se hubiera bañado por varios días. Te cuenta un poco de su historia. No le va bien en el colegio. Se está atrasando en sus clases y sus calificaciones son insatisfactorias. Estás bastante seguro de que el problema no radica en su intelecto sino, más probablemente, en lo que está pasando en casa. Ella no conoce a su padre biológico, y su madre ha tenido varios novios. Hay rumores de abuso infantil a puerta cerrada, y los moretones en sus brazos parecen confirmarlo.

Luego, Tracy dijo: "Un conductista miraría a esa joven y diría: 'Tiene cicatrices de por vida que la arruinarán para siempre. Algunas cosas son rescatables, pero ella siempre caminará cojeando y nunca podrá ser todo lo que podría haber sido si su entorno hubiera sido diferente'. Eso es lo que diría un conductista". Pero, Tracy continúa: "¿Sabes lo que diría alguien que cree en el optimismo radical de la gracia? 'No importa lo que le hayan hecho ni lo que ella se haga a sí misma, esa niña tiene la esperanza del evangelio. Dios puede tomarla de donde está y llevarla a ser lo que él quiere que sea'. O, como Wesley podría decir, "muéstrame al más miserable de todo Londres, y te mostraré a alguien que tiene toda la gracia de los apóstoles mismos".

Este optimismo toma en serio nuestra condición pecaminosa, pero toma aún más en serio el poder de la gracia para tomar a cualquiera, de cualquier lugar, de cualquier cosa, y convertirlo en todo lo que Dios quiere que sea.[6] Ningún dolor es tan lacerante, ningún golpe es tan doloroso, ninguna herida es tan profunda, ningún pecado es tan terrible que la gracia de Dios no pueda transformar, sanar y restaurar.

El perdón y el poder

El sendero en la gracia es la transformación de toda la persona. Se imparte la justicia; se da la santidad. No es "esforzarse más" o "recomponerse", sino un verdadero cambio que resulte en una vida llena de poder. Dicho de otra manera, la gracia de Dios es necesaria para el perdón y el poder. Necesitamos ser perdonados por nuestros pecados (perdón) y necesitamos fuerza (poder) para vivir una vida que honre a Dios. Uno sin el otro conduce a extremos peligrosos. Si decimos: "Dios nos perdonará, pero a él realmente no le importa cómo vivamos nuestras vidas imperfectas porque, después de todo, todo está cubierto por la gracia", estamos en peligro de caer en antinomismo. Por el contrario, si asumimos que la gracia solo es necesaria para perdonar nuestros pecados, pero luego todo depende de nosotros, estamos en peligro de caer en legalismo. Ambos son extremos peligrosos que se convierten en impedimentos para avanzar en el sendero en la gracia. El apóstol Pablo habla de estos dos extremos cuando dice: "Ocupaos en vuestra salvación con temor y temblor, porque Dios es el que en vosotros produce así el querer como el hacer, por su buena voluntad" (Filipenses 2.12-13). ¿Quién es responsable de nuestro crecimiento espiritual? ¿Es nuestro trabajo o el trabajo de Dios? La respuesta de Pablo es sí a ambos, y eso no es una contradicción.

---

6. "Como diría Wesley, negar tal optimismo haría que el poder del pecado fuera mayor que el poder de la gracia, una opción que debería ser impensable para una teología wesleyana de santidad". LeClerc, *Discovering Christian Holiness*, 27.

Considere el extremo del legalismo. El legalismo en su definición teológica más estricta es la noción enfatizada de que la obediencia a las reglas, regulaciones y códigos de conducta particulares es necesaria para la salvación. En términos prácticos, el legalismo dice que sabemos que Dios ha provisto nuestra salvación a través de la cruz de Jesús, pero el que se haga una realidad en nuestra vida depende de si oramos mucho, leemos nuestra Biblia todos los días y tenemos cuidado de evitar ciertas personas y lugares. En el fondo, el legalismo está tratando de hacer por nosotros mismos lo que solo Dios puede hacer. Una persona que solo se dedica a mantener las reglas experimenta como resultado una enorme cantidad de culpa, miedo, frustración e inseguridad con muy poca gracia, paz o seguridad. Es un discipulado sin gracia y, cuando lo llevamos al extremo, se convierte en una forma evasiva de humanismo justiciero con un aire de superioridad. Los legalistas tienen altas expectativas de sí mismos y estándares aún más altos para todos los demás, lo que es muy poco atractivo y termina ahuyentando a aquellos que están alejados de la iglesia.

En contraste, como extremo opuesto al legalismo se encuentra el antinomismo. El antinomismo es una palabra técnica que se deriva de dos palabras griegas: *anti*, que significa "contra" y *nomos*, que significa "ley". Combinado, expresa la idea de anarquía. Si bien es cierto, y hemos pasado mucho tiempo argumentando este punto, que un cristiano es salvo solo por gracia y no por las buenas obras o nuestras propias acciones, esta verdad no nos libera de las obligaciones morales y espirituales. Hablando en términos prácticos, la persona "antinomiana" dice: "Ya que la gracia abunda, ¿por qué no pecar más para que yo reciba aún más gracia? Debido a que estoy cubierto por la gracia, no estoy obligado a obedecer ningún estándar ético o moral. He sido liberado de la carga de la responsabilidad. El amor lo cubre todo". Por ilógico (y poco práctico) que parezca, esta es la mentalidad de algunos cristianos. "No me pidan ningún compromiso serio o una actitud de autosacrificio. Estoy harto de poner un carga espiritual sobre los hombros de las personas porque eso solo conduce a la culpa y al legalismo anticuados, lo que a mí me interesa es la gracia"[7].

Notablemente, aunque Juan Wesley no era legalista, creía que la forma de pensar antinomiana era un peligro aún mayor que el legalismo y consideraba que el antinomismo era la peor herejía porque devaluaba el amor perfecto. El amor sin santidad es permisivo; la santidad sin amor es hostil.

En 1751, Juan Wesley escribió una carta a un amigo, que la mayoría cree fue en respuesta a las acusaciones de que su predicación era o bien demasiado legalista o demasiado permisiva (antinomiana). Su respuesta fue esclarecedora: "No aconsejaría predicar la ley sin el evangelio ni predicar el evangelio sin la ley. Sin duda, ambos deben predicarse en su momento; sí, ambos a la vez, o ambos en uno".

Wesley resume lo que quiere decir cuando hace alusión a la tensión que existe bajo el concepto de "ambos en uno": "Dios te ama; por tanto, ámalo y obedécelo. Cristo murió por ti; por tanto, muere al pecado. Cristo ha resucitado; por tanto, levántate a la imagen de Dios. Cristo vive para siempre; por tanto, vive para Dios hasta que vivas con él en gloria. Este es el camino bíblico, el camino metodista, el camino verdadero. Que Dios nos conceda el no desviarnos de allí, ni a la derecha ni a la izquierda.[8]

Entonces, ¿cuál de los dos es? ¿Son nuestra salvación y crecimiento espiritual la obra de Dios o nuestro obrar? Pablo lo deja claro: no es una disyuntiva sino que son elementos complementarios. La

---

7. En una conversación con el académico en estudios wesleyanos, Cliff Sanders, sobre el legalismo y el antinomismo, Sanders recalcó un punto interesante: "Hace cincuenta años, el legalismo era el mayor desafío para las iglesias evangélicas. Hoy probablemente es el antinomismo, que es la lucha particular de muchos jóvenes adultos que se han criado en la iglesia y quieren dejar a un lado lo santo y solo enfocarse en el amor".

8. John Wesley, "Letter on Preaching Christ," *The Works of the Rev. John Wesley*, Volume 6.

salvación completa es la obra de Dios de principio a fin. Dios nos busca, salva, santifica y sostiene por su gracia. Sin embargo, también se nos exhorta una y otra vez a hacer todo lo posible para cooperar con la obra del Espíritu Santo en nuestras vidas (Lucas 13.24; Filipenses 2.12-13; 2 Timoteo 2.15; Hebreos 12.14; 2 Pedro 1.5-7; 3.13-34).[9]

Por gracia recibimos perdón y poder. Así es como la gracia sustentadora contribuye en nuestro proceso de discipulado en una asociación divino-humana. Dios inicia; nosotros respondemos. Dios llama, nosotros escuchamos. Dios guía, nosotros obedecemos. Dios nos da poder, nosotros hacemos obras. "Primero, Dios obra y como consecuencia tú puedes hacer obras", dijo Wesley. "En segundo lugar, Dios obra y por tanto tú debes hacer obras"[10].

La necesidad del libre albedrío

El tema de este capítulo es la gracia sustentadora, la cual definimos como la gracia que nos habilita para hacer lo que Dios nos llama a hacer y para vivir vidas santas. El libro de Judas en el Nuevo Testamento se refiere a esta gracia, en la bendición, como el poder de Dios que evita que caigamos y nos hace estar sin culpa ante él en el día final. Tal declaración comunica una verdad muy importante sobre nuestro discipulado: es posible caer de la gracia, pero la gracia sustentadora de Dios nos libra de eso.

Hubo un tiempo en que algunos predicadores de santidad bien intencionados dijeron que cuando una persona era santificada, nunca más volvería a pecar. Esta declaración generó mucha confusión y consternación entre los cristianos sinceros que estaban apasionados en su caminar con Cristo y que a su vez descubrieron que no solo era posible tropezar y caer, sino que lo hacían con cierta frecuencia,

---

9. Véase el énfasis del capítulo 2 en "demostrarle al mundo lo que Dios está obrando dentro de nosotros".

10. John Wesley, "Sermon 85: On Working Out Our Own Salvation," 3.2, http://wesley.nnu.edu/john-wesley/the-sermons-of-john-wesley-1872-edition/sermon-85-onworking-out-our-own-salvation.

especialmente a la luz de los sermones que les decían que la entera santificación solucionaría el problema. Eso simplemente no es cierto, y la razón es porque nuestro libre albedrío nunca se elimina de la ecuación. El libre albedrío permanece en la vida del creyente por siempre porque está basado en la necesidad de ser relacional. El amor es relacional, y la capacidad de decidir es un componente necesario en cualquier relación sana. De hecho, Dios ha grabado su imagen en nosotros y un aspecto que Él está restaurando en nosotros a la plenitud de Cristo es nuestra capacidad de tener relaciones santas y amorosas.

El relato de la creación en Génesis es esclarecedor. El Dios soberano llama a existencia el universo simplemente al pronunciar las palabras: "Sea…". El gobierno de Dios es absoluto y su dominio incomparable; sin embargo, sorprendentemente, la libertad humana está entretejida en el lienzo de la creación. Dado el poder creador y sustentador inigualable de Dios, esta libertad es insólita porque, como vemos más adelante, las decisiones de los seres humanos no solo son permitidas, sino que también tienen el potencial de beneficiar o perjudicar el avance del mundo perfecto que Dios creó. El Todopoderoso, con gran riesgo, permite que nuestras elecciones tengan consecuencias.

En el primer paraíso, el Señor Dios le ordenó al hombre: "Mas del árbol de la ciencia del bien y del mal no comerás; porque el día que de él comieres, ciertamente morirás" (Génesis 2.17). El poder de decidir estaba incluído en el mandamiento. Al principio, uno podría pensar que es una injusticia de parte de Dios. ¿Por qué Dios daría un mandamiento sabiendo que en el momento en que uno le dice a alguien lo que no puede hacer, eso es todo en lo que esa persona piensa? ¿Acaso era una trampa para que cayeran en la tentación? No: Dios no los tentó; les dio una opción, son dos cosas distintas. En el mandamiento hay un reconocimiento del libre albedrío (o de un albedrío que ha sido libertado).[11] El libre albedrío es necesario para que el amor pueda existir en una relación.

Si mi esposa tuviera la obligación de amarme y no tuviera otra opción, aún tendríamos una relación, más o menos, pero no sería un matrimonio. ¿Por qué? Porque, si yo tuviera el control total, se convertiría en algo distinto al amor. Ella se convertiría en un autómata, un robot que no podría actuar voluntariamente de otra manera. La única forma en que podemos compartir un matrimonio saludable es si se nos da la opción de amar al otro. Ahí reside el riesgo inherente del amor: ella podría elegir no amarme.

Cuando Dios creó a los seres humanos, los colocó en un hermoso jardín lleno de vida y bondad. Era la esencia de la gracia porque fue iniciada y provista por Dios sin ninguna contribución de parte los seres humanos. Sin embargo, Dios no hizo robots que estaban obligados a hacer su voluntad. Podían elegir entre el bien y el mal. Tuvieron la opción de amar a Dios o no. Era casi como si Dios estuviera diciendo: "Hagan esto porque soy Dios. Su obediencia es una elección. Quiero que esta relación se base en el amor, no en el control". Dios nos da libre albedrío no porque quiera ponernos una tentación, sino porque quiere que lo escojamos a él. Solo entonces será una relación volitiva arraigada en el amor.

Soren Kierkegaard creía que una voluntad rendida era la señal de un corazón purificado: "La pureza del corazón es querer solamente una cosa". Lo opuesto a un corazón puro es el doble ánimo, que también se refleja en la voluntad. La respuesta a si la persona enteramente santificada puede volver a pecar es sí. Es posible caer de la

---

11. Mildred Bangs Wynkoop nos recuerda que el énfasis principal de Juan Wesley se encontraba en la gracia libre sobre el libre albedrío. Por lo tanto, aquellos en la tradición wesleyana hacen alusión con mayor precisión al "albedrío libertado", que se refiere a la voluntad llena de poder y que a su vez ha sido liberada por el poder del Espíritu Santo, haciendo posible que una persona confiese activamente su fe en Jesucristo. En todo el camino, la salvación es de Dios, solo por gracia. Wynkoop, *Foundations of Wesleyan-Arminian Theology*, 69.

gracia porque uno siempre es libre de responder a Dios o de ceder a la tentación que está frente a nosotros. Por amor, la elección siempre será nuestra. Sin embargo, aquí radica la gran diferencia de una vida sustentada por la gracia: ahora tenemos el poder para que no tengamos que pecar. A través del poder de la gracia sustentadora, podemos decirle sí a Dios y no a la tentación. Nuestra fe está protegida por el poder de Dios, cubierta por una esperanza viva a través de la resurrección de entre los muertos de Jesucristo (1 Pedro 1.3-4).

En una confesión directa, Pablo admite que, antes del Espíritu, el pecado controlaba su vida con tanta fuerza que era como el capataz de un esclavo. "Porque no hago el bien que quiero, sino el mal que no quiero, eso hago" (Romanos 7.19). Pablo estaba atrapado en el círculo vicioso de no querer hacer algo pero a su vez carecer de las fuerzas para no hacerlo, y de querer hacer algo pero no tener las fuerzas para poder lograrlo. "¿Quién me librará de este cuerpo de muerte?" (7.24). Pero una vez que estuvo bajo el poder del Espíritu Santo, Pablo testificó que podría decirle sí a Dios y no a la tentación. "¡Gracias a Dios por Jesucristo nuestro Señor! Porque la ley del Espíritu de vida en Cristo Jesús me ha librado de la ley del pecado y de la muerte" (7.25; 8.2). Apartados del Espíritu Santo, nuestra voluntad humana es débil e impotente para obedecer; pero con el Espíritu Santo, tenemos el poder para obedecer. No es que los que han experimentado la santificación nunca más puedan volver a pecar, sino que ahora tienen el poder de no pecar. La diferencia radica en la gracia sustentadora de Dios que evita que caigamos.

La fidelidad se basa en la fe y la plenitud. Como Wesley se apresuró a agregar, el Espíritu Santo fortalece nuestra voluntad, para que podamos producir "todo buen deseo, bien sea que esté relacionado con nuestro temperamento, palabras o acciones para vivir una santidad interior y exterior"[12].

---

12. Wesley, "*Sermon 85: On Working Out Our Own Salvation*", III.2.

La gracia sustentadora y la transformación del carácter

En su libro sumamente útil y exhaustivo sobre el discipulado, *After You Believe*, (Después de creer), N. T. Wright expone cómo se forma el carácter cristiano en las personas y las iglesias. Se refiere a este como el crecimiento prolongado pero constante en la gracia que viene como resultado de las prácticas y hábitos espirituales que una persona ha adoptado en su vida y que la van transformando cada vez más a la imagen de Jesucristo. Los escritores antiguos llamaron "virtud" a esta formación del carácter.

Wright comienza el libro volviendo a contar la verdadera historia de Chesley Sullenberger, más conocido como "Sully". Era un jueves 15 de enero de 2009 por la tarde y se sentía como cualquier otro día en la ciudad de Nueva York. El avión comercial despegó a las 3:26 de la tarde con destino a Charlotte. Sully era el capitán. Él realizó todos los controles de rutina y todo parecía normal hasta que, solo dos minutos después del despegue, el avión se estrelló contra una bandada de gansos. Ambos motores resultaron gravemente dañados y perdieron potencia. El avión se dirigía hacia el norte sobre el Bronx, una de las partes más densamente pobladas de la ciudad. Sully y su copiloto tuvieron que tomar decisiones importantes de manera rápida. Estaba en juego la vida de más de 150 pasajeros y miles más en tierra.

Los aeropuertos más pequeños más cercanos estaban demasiado lejos y aterrizar en la autopista de peaje de Nueva Jersey habría sido un desastre. Eso les dejó solo una opción más: aterrizar en el río Hudson. Apenas tres minutos antes de aterrizar, Sully y su copiloto tuvieron que hacer algunas maniobras vitales para evitar un choque. (Wright menciona nueve tareas técnicas diferentes). Sorprendentemente, lo hicieron; aterrizaron el avión en el río Hudson. Todos bajaron sanos y salvos, con el capitán Sully que se desplazaba de un lado para otro por el pasillo para comprobar que todos hubieran salido antes de desembarcar él mismo[13].

Mucha gente dijo que fue un milagro y, en cierto sentido, sí lo fue. Sin embargo, ¿dónde estuvo el milagro? Los milagros se manifiestan de formas diferentes. ¿Se manifestó el milagro en la forma de la mano protectora y la dirección sobrenatural de Dios? Ciertamente es posible. Sin embargo, hay otra forma de verlo. Quizás el milagro fue la virtud de Sully que lo hizo capaz de responder con tanta velocidad técnica bajo una presión intensa. Si el uso de la palabra "virtud" en este contexto pareciera extraño, es porque la virtud no es solo otra forma de decir "bueno" o "moral". Wright sostiene que la virtud, en el sentido más estricto de la palabra, "es lo que sucede cuando alguien ha tomado mil decisiones pequeñas, que requieren esfuerzo y concentración, para hacer algo que es bueno y correcto pero que no 'sucede naturalmente', y luego, en la mil y una vez, cuando realmente importa, descubren que hacen lo necesario, como se dice, de forma 'automática' "[14].

En otras palabras, cuando parece que algo "simplemente sucede", comenzamos a darnos cuenta de que no es que "simplemente haya sucedido". Como señala Wright, si alguno de nosotros hubiera estado pilotando el avión ese día, y solo hubiéramos hecho lo natural, nos hubiéramos estrellado contra el costado de un edificio. La virtud, la formación del carácter, (o para nuestros propósitos, el discipulado), que crece en la gracia a fin de llegar a ser más y más como Jesús, no es algo que suceda naturalmente; más bien es lo que sucede cuando las decisiones sabias y sensatas se convierten en segunda naturaleza. Sully no nació con la capacidad de volar un avión comercial, ni nació con los rasgos de su carácter que tuvieron que salir a la luz en ese instante, como el coraje, una mano firme, un juicio rápido y la

---

13. Wright, *After You Believe: Why Christian Character Matters* (New York: HarperCollins, 2010), 18-20.
14. Wright, *After You Believe*, 20.

preocupación por la seguridad de los demás aún poniendo en riesgo la suya. Estas destrezas y atributos adquiridos requieren práctica y repetición a lo largo del tiempo. Lo que comienza con una sensación de incomodidad eventualmente adquiere un carácter de normalidad, y luego aquello que se ha vuelto normal comienza a arraigarse en nuestra mente y memoria muscular de tal forma que podemos reaccionar sin tener que pensar. Es una segunda naturaleza.

Sin ánimos de ofender a los lectores que ejercen la profesión de pilotos, si yo hubiera sido un pasajero en ese avión que descendía rápidamente, no hubiera querido que un piloto novato estuviera al mando y que solo hiciera lo que parecía natural. Si hubieran tenido que sacar el manual del motor, consultar en Internet o buscar en su memoria lo que aprendieron en la escuela de vuelo para saber cómo responder ante una emergencia de esta magnitud que nunca antes habían enfrentado, el resultado habría sido muy diferente. El conocimiento no es suficiente; tampoco lo son el valor y la determinación. No, insiste enfáticamente Wright, lo que se necesitaba en ese momento de crisis era una virtud concreta puesta en práctica a tal punto que se hubiese convertido en una segunda naturaleza: una transformación del carácter, "formada por las capacidades específicas, es decir, las 'virtudes' de saber exactamente cómo volar un avión"[15]. Debo añadir que no se trataba de cualquier avión, sino que ese avión en particular era el avión en el que Sully había sido entrenado y al que llegó a conocer íntimamente en cada detalle.

La idea de la "segunda naturaleza" capta mi atención, especialmente en lo que respecta al discipulado, la santidad y el sendero en la gracia. Pocos estarían en desacuerdo en que las cualidades como el valor, la resistencia, la moderación, la sabiduría, el buen juicio y la paciencia no nos llegan de forma natural. Son cosas que se aprenden y se arraigan en nuestro carácter, a veces a través de circunstancias

---

15. Wright, *After You Believe*, 21.

dolorosas y difíciles pero siempre a través del filtro de conductas aprendidas. Un carácter bien establecido, de acuerdo con el Nuevo Testamento, y como lo define Wright, es "el patrón de pensamiento y acción que corre por las venas de alguien, de modo que sin importar por donde lo corte (por así decirlo), verá a la misma persona de principio a fin"[16].

Lo opuesto a un carácter bien establecido, por supuesto, es la superficialidad. Muchas personas pueden presentarse inicialmente como honestas, amables, positivas y demás, pero entre más uno las conoce, más sacan a relucir sus verdaderos colores. Estas personas simplemente ponen una buena fachada. "Cuando se enfrentan a una crisis, o simplemente cuando bajan la guardia, son tan deshonestos, malhumorados e impacientes como cualquier otra persona"[17]. ¿Cuál es el problema? Simplemente están haciendo lo que viene naturalmente; tienen todas las facultades para saber que su actitud debería ser diferente, pero no han adquirido nuevos hábitos de segunda naturaleza para reaccionar de forma correcta ante los desafíos y decepciones repentinas. El carácter de una persona no se forma en una crisis; solamente lo pone en evidencia. Cuando no tenemos tiempo para pensar, quien realmente somos sale a relucir una y otra vez.

Ray Dunning ha explicado cómo algunos de los términos del siglo XVIII en el que vivió Wesley difieren del uso contemporáneo. Por ejemplo, en lo que respecta a nuestra discusión sobre el libre albedrío, "libertad" era el término que usaba para la libertad de elección, mientras que "voluntad" era el término que usaba para referirse a lo que llamaba "afectos" o las inclinaciones que motivan la acción humana. Los afectos no tienen relación con los sentimientos que van y vienen, ni aquellos que pueden ser alterados por modificaciones temporales de comportamiento. Más bien tienen que ver con el nivel más

---

16. Wright, *After You Believe*, 27.
17. Wright, *After You Believe*, 27.

profundo que motivan a una persona a tomar ciertas desiciones o acciones. Por otra parte, Wesley hacía uso del término "temperamento" de una manera estrechamente relacionada con los afectos. En el siglo dieciocho el temperamento no se refería al estado de ánimo irritable ni volátil de una persona; más bien, se parecía más a la manera en que usamos el término hoy en día. Wesley usó el "temperamento" en el sentido de "una disposición permanente o habitual de una persona o más exactamente, esos afectos humanos que se enfocan y se desarrollan en aspectos perdurables del carácter de uno, cultivados por los medios de la gracia, hasta que ya no son suceso momentáneos sino se convierten en virtudes estables a largo plazo y, cuando se hace con la intención justa, en "temperamento santo".

"El temperamento santo" era una frase utilizada con frecuencia en la enseñanza de Wesley sobre el discipulado, especialmente en sus reflexiones sobre el fruto del Espíritu en Gálatas. "Mas el fruto del Espíritu es amor, gozo, paz, paciencia, benignidad, bondad, fe, mansedumbre, templanza; contra tales cosas no hay ley" (Gálatas 5.22-23). Vale la pena destacar las diferentes facetas de este texto. Por un lado, Wesley se apresuraba a señalar que el fruto era singular, no plural ("frutos"). Si fuera plural, uno podría sentir la tentación de enfocarse más en un "fruto" que en otro, es decir, nos podríamos enfocar en la fidelidad pero ignorar la generosidad. El fruto como un todo unificado es la evidencia de que el Espíritu de Dios está obrando. No son características independientes. Luego, a medida que crecemos, las nueve variedades del fruto trabajan en conjunto para que podamos ser el reflejo de cómo el Espíritu Santo tiene el control de una vida consagrada. N. T. Wright señala que Pablo, "no contempla la especialización"[18]. Así como uno puede identificar un árbol de durazno por el fruto que produce, así un cristiano es conocido por el fruto del Espíritu: los temperamentos santos son evidentes en la vida de

---

18. Wright, *After You Believe*, 195.

las personas. Como era de esperar, Wesley expresó de manera contundente que el amor encabeza la lista de los temperamentos santos porque los nueve son expresiones del amor. Sin embargo, a lo largo del sendero en la gracia, todas las características de Cristo se manifestarán en nuestras vidas.

Quizás lo más importante que podemos entender en el sendero en la gracia es que estos temperamentos santos no se experimentan instantáneamente. En cambio, como explica Randy Maddox, "la gracia regeneradora (salvadora) de Dios despierta en los creyentes las 'semillas' de tales virtudes. Estas semillas luego se fortalecen y van cobrando forma a medida que 'crecemos en la gracia'. En un ámbito de libertad, este crecimiento también requiere de la cooperación responsable, porque de lo contrario, podríamos descuidar o suprimir el poder que Dios nos ha dado por gracia"[19]. Hay mucho que elaborar a partir de la explicación de Maddox. Sin embargo, no debemos perder de vista la idea principal: la virtud debe ser alimentada para que pueda crecer.

Por la gracia de Dios, somos salvos y santificados en un momento dado, y por esa razón podemos comenzar a avanzar por el sendero que nos conduce a la semejanza a Cristo; las semillas de justicia son plantadas. En una inmensa demostración de gracia, Dios nos otorgó la libertad de dejar atrás una vida de pecado y egoísmo para que podamos amarlo a Él con todo nuestro corazón, alma, fuerzas y mente. Sin embargo, las tres virtudes permanentes de la fe, la esperanza y el amor (1 Corintios 13.13) y las nueve variedades del fruto que se desprenden de una vida llena del Espíritu son otorgadas y a la vez cultivadas. El fruto del Espíritu no aparece repentinamente ni, como dice correctamente Wright, "crece automáticamente". Sin duda, al comienzo existen señales prometedoras de que el fruto está en camino. "Muchos nuevos

---

19. Randy Maddox, *"Reconnecting the Means to the End: A Wesleyan Prescription for the Holiness Movement," Wesleyan Theological Journal*, vol. 33, No. 2 (Fall 1998), 41.

cristianos, (en especial aquellos cuya conversión repentina los ha llevado de forma dramática a alejarse de un estilo de vida en donde
abundan las 'obras de la carne'), testifican de su asombro ante el deseo
que ha surgido en su interior de amar, perdonar, de ser bondadosos y
puros. ¿De dónde, se preguntan, ha venido todo esto? Yo no solía ser
así. Eso es algo maravilloso, una verdadera señal de que el Espíritu
está obrando"[20].

Estos cambios increíbles en los "afectos" no son nada menos que
una manifestación pura del regalo de la gracia. Sin embargo, el nuevo
cristiano no puede volverse pasivo; le corresponde reflejar en su exterior aquello que Dios está obrando en su interior. La misma gracia
que hizo posibles estos cambios en sus "afectos" ahora debe ser desa-
rrollada para producir un "temperamento santo"; cultivado a través
de los nuevos hábitos y las prácticas adquiridas. Wright demuestra
una vez más su imaginación perspicaz en una ilustración acerca del
discipulado: "Estos [nuevos deseos] son los retoños; para obtener el
fruto hay que aprender a ser jardinero. Tienes que aprender a cuidar
y podar, a regar el campo, a mantener alejados a los pájaros y las
ardillas. Debes vigilar las pestes y el moho, cortar la hiedra y otros
parásitos que absorben la vida del árbol, y asegurarte de que el tronco
joven pueda mantenerse firme contra vientos fuertes. Solo entonces
aparecerá el fruto"[21].

Los retoños son ciertamente la señal de "Cristo en vosotros, la
esperanza de gloria" (Colosenses 1.27), pero para obtener el fruto tan-
gible de un carácter maduro y cristiano, debemos convertirnos en
jardineros. Las semillas ahora deben comenzar a dar fruto. Los afectos
rendidos producen un temperamento santo, una nueva disposición,
que produce una mentalidad a la semejanza de Cristo, y acciones que
comienzan a brotar como segunda naturaleza.[22] "En esto es glorificado

---

20. Wright, *After You Believe*, 195-196.
21. Wright, *After You Believe*, 196.
22. "El lenguaje de Wesley de acciones santas 'fluyendo' de temperamentos santos

mi Padre, en que llevéis mucho fruto, y seáis así mis discípulos" (Juan 15.8). Los retoños se convierten en frutos, las semillas en virtud. El poder energizante de Dios se convierte en la gracia que sustenta.

El vicio y la virtud

Pablo amonesta a los cristianos corintios: "Examinaos a vosotros mismos si estáis en la fe. probaos a vosotros mismos. ¿O no os conocéis a vosotros mismos, que Jesucristo está en vosotros?" (2 Corintios 13.5). En su estilo perspicaz habitual, la paráfrasis de Eugene Peterson esapropiada: "Ponte a prueba para asegurarte de que estés sólido en la fe. No vayas a la deriva dando todo por sentado. Hazte controles regulares. Necesitas evidencia de primera mano, no simples rumores, de que Jesucristo está en ti. ¡Ponte a prueba! Si no pasas la prueba, haz algo al respecto" (versículos 5-9).

Los chequeos médicos regulares siempre son mejores que los ataques cardíacos o los derrames cerebrales. Un problema que se detecta lo suficientemente temprano a menudo es tratable. De manera similar, seguir un programa de mantenimiento para un automóvil generalmente puede evitar fallas catastróficas del motor. A lo largo de la historia bíblica, los períodos de cuarenta días han sido reconocidos como tiempos de preparación, purificación y para hacer un inventario espiritual[23]. Se podría argumentar que el propósito de los avivamientos y las reuniones de campamento en la tradición de la santidad era realizar chequeos corporativos y personales. Como Pablo hace referencia a los Corintios, el crecimiento espiritual requiere salud espiritual. Wesley, con el ánimo de seguir la recomendación de Pablo, insistió que los creyentes se reunieran en grupos pequeños de

---

indica que él apreciaba el sentido en el que los afectos habituales traen 'libertad' a las acciones humanas, la libertad que proviene de la práctica disciplinada (por ejemplo, la libertad de tocar un concierto de Bach)." Maddox, *Responsible Grace*, 69.

23. La temporada de Cuaresma en el calendario cristiano se basa en el concepto de cuarenta días para examinarse a sí mismo.

rendición de cuentas ("reuniones de clase", como él las llamaba) para practicar la disciplina de los chequeos de salud espiritual.

¿Cuáles son las señales de advertencia de la enfermedad cardíaca espiritual? La iglesia en el siglo VI clasificó las señales de advertencia y las calificó como "pecados capitales" o "vicios capitales". Así como el colesterol alto es una advertencia de enfermedad cardíaca y los engranajes deslizantes son el signo de una mala transmisión, estas señales son indicadores de tendencias poco saludables en nuestro discipulado y, a menos que se les preste atención, pueden conducir a la muerte espiritual. El entendimiento histórico de la iglesia sobre el vicio, comúnmente llamado "los siete pecados capitales", es más completo e incluye lo siguiente:

Orgullo: ponerse en el lugar de Dios como centro y objetivo principal de la vida; negarse a reconocer la condición propia de criatura que depende de Dios.

Irreverencia: negligencia deliberada de la adoración a Dios, o contentamiento con la participación superficial en ella; manifestado cinismo hacia lo santo o el uso del cristianismo en aras del beneficio personal.

Sentimentalismo: satisfacción por los sentimientos piadosos y por la pomposidad de la ceremonia sin luchar por la santidad personal; ningún interés en llevar la propia cruz o el sacrificio personal; una mayor atracción por la espiritualidad emocional que por los compromisos que requieren sacrificio.

Desconfianza: la negativa de reconocer la sabiduría y el amor de Dios. La indebida preocupación, ansiedad, escrupulosidad o perfeccionismo; el intento de ganar o mantener el control de nuestra vida mediante la espiritualidad, la timidez indebida o la cobardía.

Desobediencia: rechazo de la voluntad conocida de Dios; negativa a conocer la naturaleza de Dios como se revela en las Sagradas Escrituras; romper la confianza mediante la irresponsabilidad, la traición y la decepción innecesaria de los demás; romper contratos legales o morales.

Impenitencia: negativa a buscar y afrontar los propios pecados, o confesarlos ante Dios; la autojustificación al creer que los pecados de uno son insignificantes, naturales o inevitables; negarse a disculparse y reconciliarse con el prójimo o no estar dispuesto a perdonarse a sí mismo.

Vanidad: no dar crédito a Dios y a los demás por su contribución a la vida de uno; jactancia, exageración y comportamiento ostentoso; preocupación indebida por las "cosas".

Arrogancia: ser autoritario y argumentativo; ser testarudo y obstinado.

Resentimiento: rechazo de talentos, habilidades u oportunidades que Dios y otros ofrecen para nuestro bienestar; rebelión y odio a Dios o a los demás; cinismo.

Envidia: insatisfacción con nuestro lugar en el orden de creación de Dios; se manifiesta en los celos, malicia y desprecio por los demás o por las "cosas" de los demás.

Avaricia: la negativa a respetar la integridad de otras criaturas, expresada en la acumulación de cosas materiales para demostrar su propio valor; el uso de otros para beneficio personal; la búsqueda de estatus y poder a expensas de otros.

Codicia: el desperdicio de recursos naturales o posesiones personales; extravagancia o vivir más allá de los propios medios; se manifiesta en una ambición o dominación desmedida sobre los demás y una protección indebida de las "cosas" propias; tacañería; avaricia.

Gula: exceso de apetitos naturales por la comida y la bebida; la búsqueda desordenada de placer y comodidad; se manifiesta en la intemperancia y la falta de disciplina.

Lujuria: mal uso del sexo; incluye la falta de castidad, la inmodestia, la mojigatería y la crueldad; no reconoce el matrimonio como la relación ordenada por Dios para la sexualidad.

Pereza: la negativa a responder a las propias oportunidades de crecimiento, servicio y sacrificio; incluye la pereza en los deberes espirituales, mentales o físicos; descuido de la familia; indiferencia ante la injusticia o hacia las personas que sufren en el mundo; descuidar a los necesitados, solitarios y las personas antipopulares.

Las señales de advertencia pueden ser sutiles pero peligrosas para el alma. Cuando nos disponemos a disfrutar de una vida saludable, cambiamos ciertos patrones en nuestro estilo de vida y tomamos decisiones alimentarias que van de la mano con nuestros nuevos deseos; ocasionalmente, se necesitan medicamentos para complementar o compensar lo que nuestro cuerpo no puede producir por sí solo. Cuando queremos mantener nuestro vehículo, cambiamos el aceite y rotamos los neumáticos, algunas partes incluso necesitan ser reemplazadas. La verdad es que tanto nuestros cuerpos como nuestros automóviles funcionan mejor cuando no hay una solución rápida. El mantenimiento regular y continuo siempre es preferible y la vida del discipulado funciona de la misma manera. Es cierto que uno no puede simplemente deshacerse de ciertos patrones nocivos sin reemplazarlos con otra cosa que sea mejor. Debe haber un bien desplazante más fuerte que el mal actual. Cualquier persona que está en el proceso de recuperación de una adicción le dirá que algo más debe reemplazar la dependencia. Debe haber una pasión espiritual superior para desplazar a la pasión inferior o pecaminosa. Asimismo, debe haber un programa de mantenimiento periódico para mejorar nuestro caminar por el sendero en la gracia, en otras palabras, una forma regular y sistemática de mantener nuestro discipulado en los niveles máximos de desempeño.

¿Cuál es el bien desplazante que reemplaza los vicios mortales? ¿Cuál es el plan de mantenimiento de la gracia sustentadora? El Nuevo Testamento identifica el bien desplazador como el fruto del Espíritu, esas virtudes vivificantes que desplazan los instintos inferiores de nuestra carne. Al plan de mantenimiento regular y sistemático le llamamos disciplinas espirituales. Los atletas profesionales dan vueltas alrededor de la pista, se estiran y levantan pesas, no por diversión ni porque estén aburridos, sino porque están decididos a lograr una meta. Los chequeos espirituales no tienen por qué ser una cirugía mayor o invasiva, solo sirven como un control de inspección. El fruto del Espíritu es el agente medicinal del bien desplazante; las disciplinas espirituales son el plan de mantenimiento saludable que nos ayudará a mejorar nuestra receptividad a la obra de Dios; estos son elementos esenciales de la gracia sustentadora.

La disciplina como un medio de gracia

El escritor de Hebreos reconoce la importancia de la disciplina espiritual: "Es verdad que ninguna disciplina al presente parece ser causa de gozo, sino de tristeza; pero después da fruto apacible de justicia a los que en ella han sido ejercitados" (12.11). La disciplina puede tener una connotación negativa, si se considera un castigo por las malas acciones. Sin embargo, como reconoce Hebreos, también existe la disciplina para proteger o fortalecer. Este es el aspecto de la disciplina al que se refiere Hebreos. "Si soportáis la disciplina, Dios os trata como a hijos; porque ¿qué hijo es aquel a quien el padre no disciplina? Pero si se os deja sin disciplina, de la cual todos han sido participantes, entonces sois bastardos, y no hijos" (12.7-8).

Dos cosas a destacar: (1) al escritor no le pasaba por la mente que hubiera niños que no se beneficiaran de la disciplina de los padres; (2) el escritor visualiza la disciplina como una forma de amor santo. Amar a un hijo incluye disciplina. Decirle a un hijo que no puede comer pizza a la medianoche no es un castigo, ni lo es establecer un horario de regreso a la casa o no darle permiso para ver lo que quiera en la televisión. El padre sabio sabe que esto no es un castigo; esta es la preparación para su futuro. Para el niño puede parecer injusto, incluso cruel, pero llegará un día en que aprenderá a apreciar los límites establecidos por los padres amorosos para protegerlos y ayudarlos a convertirse en adultos sanos y completamente funcionales. De manera similar, Dios nos disciplina con el objetivo de alcanzar la santidad. Pueda que esa disciplina no parezca agradable en su momento, pero planta las semillas de un fruto de paz y de una vida justa y no debemos pasar por alto que tenemos que ser entrenados en ella.

Stanley Jones dijo sabiamente: "No se puede obtener la salvación mediante la disciplina; es un don de Dios. Pero tampoco se puede retener sin disciplina"[24]. Con respecto a la formación del carácter, se le atribuye a Agustín la definición de virtud como "un buen hábito acorde con nuestra naturaleza". Además, Jones cita los hábitos sencillos de Jesús como un ejemplo de alguien que dependía por completo de Dios y era disciplinado personalmente en sus hábitos: "Hizo tres cosas por hábito: (1) 'Se puso de pie para leer como era su costumbre'; leía la palabra de Dios por hábito. (2) 'Salió a la montaña a orar como era su costumbre'; oraba por hábito. (3) 'Les enseñó de nuevo como era su costumbre'; transmitió a otros por hábito lo que tenía y lo que había aprendido. Estos simples hábitos fueron los hábitos fundamentales de su vida.[25] Los hábitos santos forman discípulos saludables. Volviendo a la idea de Wesley sobre el temperamento santo, él creía que este se formaba en los cristianos en la medida que participaban en la vida de la iglesia a través de prácticas habituales que llamaba "los medios de gracia", también conocidas como las disciplinas espirituales. Los medios de gracia son conductos de la gracia transformadora de Dios,

24. E. Stanley Jones, *Conversion* (Nashville: Abingdon Press, 1991), citado en Richard J. Foster and James Bryan Smith, eds., *Devotional Classics: Selected Readings for Individuals and Groups* (Englewood, CO: Renovaré, 1990), 281.
25. Jones, Conversion, citado en Foster y Smith, *Devotional Classics*, 282.

aquellas actividades que canalizan la actividad de Dios a nuestras vidas a lo largo de nuestro recorrido por el sendero en la gracia.

Para Wesley, estos medios eran extendidos a través de lo que llamó obras de piedad y obras de misericordia. Las obras de piedad son principalmente lo que hacemos para mejorar nuestra relación personal con Cristo. Las obras de misericordia están conectadas con lo que hacemos para participar en el ministerio y la misión de Dios en el mundo. Tanto las obras de piedad como las obras de misericordia tienen un componente individual (lo que uno puede hacer solo) y un componente comunitario (lo que debe hacerse con la ayuda de otros). Las obras individuales de piedad incluyen meditar en las Escrituras, orar, ayunar, compartir la fe con otros (evangelismo) y dar generosamente nuestros recursos. Las obras comunales de piedad incluyen el culto de adoración compartido, la participación en los sacramentos de la santa cena y el bautismo cristiano, la rendición de cuentas mutua (también conocida como la "conferencia cristiana"), el estudio de la Biblia y la predicación. Una vez más, la razón por la que ponemos en práctica estas actividades religiosas no es solo porque seamos cristianos, sino también porque son "prácticas infundidas por el Espíritu que reformarán y re-entrenarán tus amores [deseos]... prácticas que van en contra de la formación [a la que estás acostumbrado], con rituales que despiertan el hambre de lo espiritual y liturgias que forman la manera en que amas" porque a través de estas prácticas aprendemos a vestirnos de Cristo. (ver Colosenses 3.12-16).[26]

Los sacramentos como medios de gracia

Una explicación más elaborada sobre la importancia de los sacramentos nos será de beneficio en nuestro caminar por el sendero en la gracia. La palabra "sacramento" se origina de una palabra latina que significa "santificar, consagrar" o "hacer sagrado, santo", que a su vez

---

26. James K. A. Smith, *You Are What You Love: The Spiritual Power of Habit* (Grand Rapids: Brazos Press, 2016), 68-69.

se deriva de la palabra griega que se usa para "misterio"; al conectar las dos podemos decir que un sacramento es "un misterio sagrado". Juan Wesley tomó prestada su definición de sacramento del catecismo del Libro de Oración Anglicano (el cual la adoptó de la sucinta definición de Agustín), con una ligera adaptación para ofrecer mayor claridad: "un signo exterior de una gracia interior, y un medio que nos la confiere"[27]. Combinando la idea de misterio sagrado y medios, N. T. Wright describe los sacramentos como "aquellas ocasiones en las que la vida del cielo se cruza misteriosamente con la vida de la tierra"[28]. Algunas tradiciones cristianas celebran más sacramentos que otras. Los protestantes comúnmente promueven dos: el bautismo y la Eucaristía (también llamada la Cena del Señor o Sagrada Comunión).[29]

Juan Wesley exhortó encarecidamente a "participar estrictamente de todas las ordenanzas (disciplinas espirituales)"[30], pero especialmente de la Eucaristía. Se refirió a ella como "el gran canal" mediante el cual se nos transmite la gracia, e incluso identificó la participación de la Santa Cena como el primer paso para ejercitar nuestra salvación.[31] Este punto de vista dinámico se cimentó a partir de su creencia de que la Santa Cena era más que un recuerdo simbólico de la muerte de Cristo; más bien, la presencia real de Cristo, a través del Espíritu Santo, se puede experimentar cuando uno recibe la Cena del Señor.[32] Esto llevó a Wesley a sacar dos conclusiones con-

---

27. Rob L. Staples, *Outward Sign and Inward Grace: The Place of Sacraments in Wesleyan Spirituality* (Kansas City, MO: Beacon Hill Press of Kansas City, 1991), 21. Énfasis añadido.

28. Wright, *After You Believe*, 223.

29. La justificación de dos sacramentos es la preferencia por practicar solo los instituidos por Jesucristo (también conocidos como "sacramentos dominicales").

30. Wesley, *A Plain Account of Christian Perfection*, Annotated, 45.

31. Maddox, *Responsible Grace*, 202.

32. "Cuando Jesús dice 'memoria', la palabra griega es *anamnesis*. Es mucho más que un recuerdo histórico. Señala una memoria inspirada por el Espíritu Santo que lleva el evento del pasado al presente de tal manera que literalmente está 'sucediendo

siderables. Primero, ya que la gracia presente se extiende para vivir una vida cristiana llena de poder, la Santa Cena debe recibirse tan a menudo como sea posible. En segundo lugar, debido a que la presencia del Espíritu Santo en la Santa Cena es el equivalente a la gracia salvadora, santificadora y sustentadora de Dios, que está disponible de inmediato, podría considerarse una "ordenanza de conversión"[33] (una persona con un corazón arrepentido podría ser salva) y como un medio para promover la santidad. Este concepto elevado de la Santa Cena llevó al teólogo nazareno Rob Staples a referirse a la Eucaristía como el "sacramento de la santificación"[34].

El bautismo es mucho más que un simple ritual o testimonio público. Significa nuestra muerte y resurrección con Cristo. "Porque somos sepultados juntamente con él para muerte por el bautismo, a fin de que como Cristo resucitó de los muertos por la gloria del Padre, así también nosotros andemos en vida nueva" (Romanos 6.4). Uno no llega de repente al reino de Dios porque se encuentre divagando a la deriva; eventualmente, debe haber una muerte al pecado y al yo y un levantamiento a una nueva vida.[35] El bautismo marca ese momento. "El bautismo deja muy claro que toda la vida cristiana está marcada con la insignia de la cruz, participamos en la cruz, tomamos la cruz y seguimos a Jesús"[36]. Wesley no incluyó el bautismo en ninguna de sus listas formales de los medios de gracia, pero no fue porque devaluara

---

de nuevo'". J. D. Walt, "Wonder Bread," *Seedbed Daily Text*, Abril 24, 2020, https://www.seedbed.com/wilderness-wonder-bread/.

33. "Ordenanza de conversión" es una frase que Juan Wesley usó personalmente. Staples, Outward *Sign and Inward Grace*, 252. A partir del testimonio de su propia madre quien recibió la plena seguridad de su fe mientras participaba de la Santa Cena, y muchos otros testimonios de experiencias como ésta, Wesley se convenció de que el momento eucarístico "'re-presenta' el sacrificio de una vez por todas de Cristo en una exhibición dramática que transmite su poder salvador". Maddox, *Responsible Grace*, 203.

34. Staples, *Outward Sign and Inward Grace*, 201-249.

35. Wright, After You Believe, 281.

36. Wright, After You Believe, 281.

el bautismo, sino por su función iniciatoria en la comunidad de fe y como un evento único en la vida de un creyente. Por lo tanto, para Wesley, el bautismo marcaba el inicio de la vida de santidad, mientras que veía la necesidad de repetir los otros medios de gracia en la búsqueda continua de la santidad.[37] Wesley estaba muy alineado con los reformadores ingleses en gran parte con su punto de vista bautismal, pero difería en dos maneras sustanciales. De acuerdo con Maddox, Wesley elevó "la transformación de nuestras vidas que ha sido empoderada por la gracia" sobre la concesión de nuestro "perdón jurídico" (un enfoque en la culpa y la necesidad del perdón). Esta es una distinción importante porque significa que el bautismo no es solo una señal de que nuestros pecados hayan sido perdonados, sino también de que estamos siendo sanados de nuestra naturaleza pecaminosa y la destrucción que el pecado nos ha infligido.[38] Además, para Wesley, aunque la gracia del bautismo es "suficiente para iniciar la vida cristiana", uno debe participar de manera responsiva y responsable en la gracia conferida para que los medios de la gracia sean plenamente eficientes[39]. En este sentido, el bautismo es un signo y símbolo de la disposición de uno a participar plenamente en lo que se necesita para nutrir una vida santa.

El historiador y erudito nazareno Paul Bassett me dijo una vez que la liturgia bautismal más antigua registrada, de fines del siglo IV, incluía la imposición de manos por parte del oficiante mientras decía las palabras (mi paráfrasis): "Y ahora recibe la gracia y la sanidad de

---

37. Staples, *Outward Sign and Inward Grace*, 98; Maddox, *Responsible Grace*, 222.

38. Existen diferencias significativas entre las tradiciones cristianas occidentales (latinas) y orientales (griegas) con respecto al significado de la salvación. "El cristianismo occidental (tanto protestante como católico) se caracterizó por un énfasis jurídico dominante en la culpa y la absolución, mientras que la soteriología ortodoxa oriental generalmente enfatizaba más la preocupación terapéutica por curar nuestra naturaleza enferma de pecado". Maddox, *Responsible Grace*, 23. El punto de vista de Wesley sobre el significado del bautismo incluía ambos, pero enfatizaba el aspecto sanador y vivificante.

39. Maddox, *Responsible Grace*, 23.

nuestro Señor Jesucristo, y que el poder del Espíritu Santo obre en ti, para que, naciendo del agua y del Espíritu, seas un testigo fiel". En resumen, he recibido la gracia; estoy siendo sanado; seré discípulo de Jesús.

La rendición de cuentas entre la comunidad

Cualquier discusión sobre la gracia sustentadora en la vida del discipulado estaría incompleta, especialmente para aquellos dentro de la tradición wesleyana de santidad, si no mencionamos la importancia de la rendición de cuentas en el contexto espiritual. Wesley desarrolló un marco práctico que creía necesario para todo cristiano en crecimiento. Wesley entendía muy bien que las personas tenían la tendencia a ser egocéntricas (lo que conduce a la falta de autoconciencia) y de caer en la tentación de vivir vidas aisladas, así que instituyó cinco niveles a los que llamó "conferencias cristianas". Estas eran sociedades (similares a las clases de la escuela dominical diseñadas para la educación e instrucción cristianas), reuniones de clase (hablaremos de esto), bandas (grupos pequeños), sociedades selectas (desarrollo de liderazgo y tutoría) y bandas de penitentes (grupos de recuperación).

Si bien todos los niveles de las conferencias cristianas eran beneficiosos como un medio de gracia, Wesley llegó a creer que la reunión en la clase era el elemento esencial de la comunidad cristiana y el elemento vital para crecer a la semejanza de Cristo. Se convirtió en el "método" del movimiento metodista y, según muchos, fue la mayor contribución organizativa de Wesley a la vida de santidad. Su enfoque principal no estaba en la educación cristiana, *per se*, sino en la conducta; destacando el diseño práctico y el ambiente más adecuado para fomentar la transformación espiritual. Los estudios bíblicos y la enseñanza doctrinal eran importantes, pero estaban reservados para las sociedades. Las personas llegaban a las reuniones de clase para hacer preguntas sobre el progreso espiritual de cada miembro. Estaban allí para mirarse a los ojos y hacer la pregunta: "¿Cómo está la condición de tu alma?". Practicaban la rendición de cuentas mutua para crecer en la gracia, así mismo se brindaban la motivación necesaria unos a otros para ayudarse a avanzar hacia la santidad de corazón y de vida.[40]

El predicador protestante más famoso del siglo XVIII no fue Juan Wesley. Esa designación pertenecía a otro inglés, George Whitefield. Un predicador elocuente y dinámico, Whitefield fue universalmente considerado la voz del protestantismo en todo el mundo occidental y uno de los principales impulsores del Gran Despertar en América del Norte.[41] Wesley y Whitefield eran amigos íntimos y cada uno admiraba la contribución del otro para fortalecer la iglesia. Sin embargo, al final, el trabajo de Wesley perduró y no el de Whitefield. Adam Clarke, un contemporáneo más joven de Wesley, atribuyó el fruto perdurable del avivamiento wesleyano directamente a las reuniones de clase.

> Por experiencia, conozco la idoneidad del consejo del Sr. Wesley: "Establezcan reuniones de clase donde sea que prediquen y tengan oyentes atentos; porque, dondequiera que hayamos predicado sin hacerlo, la palabra habrá sido como semilla que cayó al lado del camino". Fue por este medio [de gracia] que se nos permitió establecer iglesias permanentes y santas en todo el mundo. Wesley vio la necesidad de esto desde el principio. El señor Whitefield … no siguió el ejemplo. ¿Cuál fue la consecuencia? El fruto del trabajo del señor Whitefield murió con él; mas el del señor Wesley permaneció y se multiplicó.[42]

---

40. Esta sección sobre la reunión de clase es una adaptación de mi libro sobre ministerio urbano. Para obtener más detalles sobre las conferencias cristianas y el impacto de las reuniones de clase y el metodismo, consulte David A. Busic, *The City: Urban Churches in the Wesleyan-Holiness Tradition* (Kansas City, MO: The Foundry Publishing, 2020).

41. Harry S. Stout, *The Divine Dramatist: George Whitefield and the Rise of Modern Evangelicalism* (Grand Rapids: Eerdmans, 1991), xiii-xvi.

42. J. W. Etheridge, *The Life of the Rev. Adam Clarke* (New York: Carlton y Porter,

El mismo Whitefield, en respuesta a una pregunta sobre el impacto del avivamiento wesleyano, reflexionó más tarde: "Mi hermano Wesley actuó sabiamente; las almas que fueron despertadas bajo su ministerio las unió en clases [reuniones], y así preservó los frutos de su trabajo. De esto me descuidé, y mi pueblo es una cuerda de arena"[43].

El discipulado puede ser personal, pero no debe ser privado. Los cristianos aislados corren peligro porque la fe insular produce discípulos débiles e infructuosos. La adoración en compañerismo y la educación cristiana son beneficiosas y necesarias, sin embargo, sin una vida acompañada de relaciones amorosas e íntimas, combinadas con la aplicación del conocimiento recibido, nos veremos en apuros para "lograr nuestra propia salvación" (Filipenses 2.12). El secreto para un crecimiento saludable y feliz en la gracia se encuentra en la frase repetida de Wesley: "velando unos por otros con amor"[44].

La misericordia del dominio propio

Aprender a orar, ayunar, leer las Escrituras, reflexionar, estudiar, la sencillez, la soledad, la sumisión, el servicio, la confesión, la adoración y la rendición de cuentas relacional son todos ejemplos de los medios de gracia. Estas y otras disciplinas espirituales como ellas son parte integral de la gracia sustentadora.

Usted podría: "¡No tengo la aptitud para esas cosas!". Bienvenido al club. El hecho es que nadie tiene las aptitudes para participar en ellas al principio. No son glamorosas y requieren trabajo duro y práctica continua. No olvide que, con la ayuda del Espíritu, nuestra vieja naturaleza se transforma en una nueva hasta que lo que antes no venía naturalmente se convierte en una segunda naturaleza y "hasta que Cristo sea formado en vosotros" (Gálatas 4.19). Quizás es por eso

---

1859), 189.

43. Etheridge, *The Life of the Rev. Adam Clarke*, 189.

44. John Wesley, "The Nature, Design, and General Rules of the United Societies", *Works*, 9.69.

que el dominio propio figura como la característica final del fruto del Espíritu. Se necesita dominio propio porque el fruto no es automático. Los retoños muestran los signos iniciales de que hay potencial, pero alejados de la concentración sintonizada y la atención deliberada, es poco probable que el fruto llegue a madurar.

Wright señala que algunos frutos pueden simularse: "Todas las variedades de frutos que Pablo menciona aquí son relativamente fáciles de falsificar, especialmente en personas jóvenes, sanas y felices, excepto el dominio propio. Si el tal no está presente, siempre vale la pena preguntarse si la apariencia de los otros tipos de frutos es solo eso, una apariencia, más que una verdadera señal de la obra del Espíritu"[45]. No es de extrañar, entonces, que el firme compromiso de cultivar la vida de santidad descanse en el dominio propio.

Hay muchos parásitos, y arbustos salvajes que amenazarán con ahogar el árbol frutal, muchos depredadores listos para mordisquear las raíces o arrancar el fruto antes de que madure. Debemos tomar una decisión consciente con la mente, el corazón y la voluntad para lidiar con todos esos enemigos sin piedad. Solo porque usted "vive en el Espíritu", no significa que siga la dirección del Espíritu de forma automática. Tiene que tomar la decisión de hacerlo. Y usted lo puede hacer.[46]

Gracia sustentadora: espiritual y práctica

La gracia sustentadora es tanto espiritual como práctica. Es espiritual en el sentido de que requiere del Espíritu. Así como el fruto físico es el producto natural de un ser vivo, el fruto espiritual es el producto del Espíritu Santo. No tenemos la facultad de fabricar la obra profunda que Dios hace en nosotros por el poder del Espíritu Santo; ya que es algo que viene del exterior, es absolutamente un regalo. Sin embargo, también tiene un aspecto práctico; simplemente, se necesitan

---

45. Wright, *After You Believe*, 196.
46. Wright, *After You Believe*, 196-197.

las prácticas. Estas prácticas toman la forma de un huerto para que lo que ha comenzado en nosotros "se complete" (Filipenses 1.6) y "produzca una cosecha de justicia" (Filipenses 1.11). Ningún agricultor que siembre maíz el lunes espera comer mazorcas de maíz el domingo siguiente. Desde la semilla hasta la cosecha se requiere cultivo y tiempo. El agua y la luz solar son necesarias, se debe aplicar fertilizante y se deben arrancar las malezas si queremos disfrutar de los beneficios de los frutos.

Somos una cultura que vive de lo instantáneo: café instantáneo, palomitas de maíz para microondas e Internet de alta velocidad. La gente en las cafeterías les gritan a sus computadoras portátiles si tardan más de unos segundos en conectarse a una red de Wi-Fi. La expectativa de que todo sea instantáneo produce impaciencia en las personas. ¿De dónde viene esto? Sostengo que esta expectativa surge del deseo que se encuentra muy profundamente arraigado en la gratificación instantánea, que no es un fenómeno moderno: ha convivido con la raza humana durante mucho tiempo. Si bien hay muchos ejemplos en las Escrituras del virus mortal que es la gratificación instantánea, Esaú, famoso por su derecho de primogenitura, es el más infame. Su triste reputación quedó marcada después de un largo y fallido día de caza. Cuando regresó al campamento donde se estaba quedando, llegó muerto de hambre. Su astuto hermano gemelo, Jacob, estaba preparando un guiso de lentejas rojas sobre el fuego. Esaú exigió comérselo. Siempre calculador, Jacob negoció un trato: "Primero véndeme tu primogenitura" (Génesis 25.31).

El derecho de nacimiento, o derecho de primogénito (también conocido como la ley de la primogenitura), era una regla de herencia consuetudinaria que garantizaba privilegios financieros y autoridad familiar al hijo varón mayor, una bendición prestigiosa y lucrativa. Que Jacob le pidiera a Esaú que le vendiera una posesión tan valiosa por un plato de sopa fue una barbaridad. La respuesta de Esaú fue igualmente escandalosa: "He aquí yo me voy a morir; ¿para qué, pues, me servirá la primogenitura? (25.32). Estaba dispuesto a intercambiar su posesión más preciada y valorada por un momento de gratificación instantánea, literalmente, un plato de frijoles rojos.

No podemos pasar por alto la ironía. ¿Qué tipo de persona cambiaría de manera impulsiva algo de valor infinito e inestimable por un momento de gratificación instantánea que solo durará por unos instantes? Sin embargo, nuestra cultura de gratificación instantánea lo hace todo el tiempo: intercambia algo de valor infinito y valor inestimable por algo que saben que vale mucho menos, algo duradero por algo efímero. "¡Quiero lo que quiero, y lo quiero ahora! Quiero que se satisfaga mi apetito, incluso si me cuesta todo". No es de extrañar que el escritor de Hebreos equipare la acción de Esaú con la inmoralidad pecaminosa: "no sea que haya algún fornicario, o profano, como Esaú, que por una sola comida vendió su primogenitura. Porque ya sabéis que aun después, deseando heredar la bendición, fue desechado, y no hubo oportunidad para el arrepentimiento, aunque la procuró con lágrimas" (Hebreos 12.16-17). Es una lección trágica y difícil de aprender que no debe pasarse por alto. La disciplina es necesaria para la vida santificada y uno no puede evadir el proceso del discipulado.

Tiger Woods es aclamado como uno de los mejores golfistas de la historia. Cuando yo era joven estaba aprendiendo a jugar al golf y traté de emular su estilo. Quería imitar la fuerza con la que golpeaba la pelota, tener la precisión milimétrica de Tiger, el golpe corto y el toque suave de Tiger y el *putt* con la confianza de Tiger (incluso compré gorras de golf marca Nike para usarlas como Tiger). Solo había un problema: Tiger practicaba durante horas todos los días, y lo había hecho desde el momento en que dio sus primeros pasos.[47] Incluso cuando se convirtió en el mejor golfista del mundo, los conocedores

---

47. Woods apareció en un conocido programa de televisión a la edad de dos años y mostró su habilidad para el golf.

nos dicen que seguía practicando más duro que nadie. Yo puedo decir que quiero jugar al golf como Tiger Woods, pero eso no significa nada a menos que mi compromiso con la práctica vaya de la mano con mi deseo. La gratificación instantánea no será suficiente. No importa cuánto yo quiera cambiar la realidad, mi habilidad de jugar al golf es proporcional a mi compromiso con el entrenamiento.

A veces la gente dice: "Quiero ser como la Hermana Fulana de Tal. Se nota que ella vive en la presencia de Dios, veo a Jesús en ella, ella es una santa". No está mal verla como un buen ejemplo de la semejanza a Cristo y tratar de imitar su estilo de vida, pero lo que quizás no sepa son las horas y horas que pasa a solas con el Señor en meditación y oración, las décadas que ha pasado en el campo de práctica espiritual siendo moldeada en lo que ahora se ve. Ella no llegó a donde está porque haya escogido el camino de la gratificación instantánea. Las prácticas espirituales han formado en ella "temperamentos santos" que ahora se reflejan como virtud. Ella ha cultivado el fruto del Espíritu, y es por eso que el amor, el gozo, la paz, la paciencia, la bondad, la benignidad y el dominio propio parecen estar presentes de una manera tan obvia.

La santidad no es un momento en el tiempo y ¡helo aquí! ya adquirimos la virtud; más bien, es algo en lo que estamos siendo formados. "La conversión es un don y un logro, es el acto de un momento y el trabajo de toda una vida"[48]. La paciencia de largo alcance es el elemento necesario para nuestro caminar por el sendero en la gracia. Debemos cultivar el fruto.

Es apropiado terminar el capítulo sobre la gracia habilitadora de Dios con una oración por la pureza que los santos han recitado durante más de mil años:

Dios Todopoderoso, ante ti todos los corazones están abiertos, todos los deseos son conocidos, y de ti no se esconden los secretos;

---

48. Jones, *Conversion*, citado en Foster y Smith, *Devotional Classics*, 281.

limpia los pensamientos de nuestros corazones por la inspiración de tu Espíritu Santo, para que podamos amarte perfectamente y magnificar dignamente tu santo Nombre; por Cristo nuestro Señor. Amén.[49]

---

49. *The Book of Common Prayer* (Cambridge: Cambridge University Press, s.f.), 97-98.

6
LA GRACIA SUFICIENTE

*Y me ha dicho: "Bástate mi gracia; porque mi poder se
perfecciona en la debilidad".*
- 2 Corintios 12.9

Comenzamos este libro diciendo que la gracia es personal, expe-
rimentada y conocida a través de la persona y la obra de Jesucristo,
manifestada en la presencia del Espíritu Santo. Como señaló Thomas
Langford, la gracia no se conoce en abstracto como un principio,
"sino en la verdadera entrega de Dios en la historia"[1]. En la presencia
de Jesucristo y del Espíritu, experimentamos la renovación de la vida
humana a través de la búsqueda, salvación, santificación y la gracia
sustentadora. Esta última expresión bíblica de la gracia es, para mí, la
más misteriosa de todas.

¿Se ha preguntado alguna vez por qué aquellos que parecen tener
una vida fácil pueden parecer tan distantes de Dios, mientras que
aquellos que atraviesan las aguas más profundas y enfrentan las mayores luchas personales a menudo sienten una íntima cercanía con
Dios? A primera vista, esta observación pareciera ilógica. Lo más
lógico sería que aquellos con menos problemas disfrutaran de una
mayor felicidad y paz que aquellos que están pasando un tiempo de

---

1. Thomas A. Langford, *Reflections on Grace* (Eugene, OR: Cascade Books,
2007), 107.

sufrimiento profundo, pero a menudo ocurre lo contrario. ¿Cómo explicamos tal paradoja?

Hacer la oración: "Hágase tu voluntad en la tierra como en el cielo" es confesar que no todo lo que sucede en el mundo es la voluntad de Dios. No le atribuimos a Dios nada malo. Cuando lo hacemos, impugnamos el carácter de Dios. El tercer mandamiento prohíbe usar el nombre de Dios en vano, que no tiene tanto que ver con proferir maldiciones sino con representar falsamente a Dios en el mundo. Es algo serio atribuirle a Dios cualquier cosa mala o llamarle mala a cualquier cosa que provenga de Dios. Sin embargo, debe mencionarse que aunque no todo lo que sucede es la voluntad de Dios, debido a que nuestro Dios es todopoderoso y amoroso, Dios tiene una voluntad para todo; especialmente en todo lo que tenga que ver con aquellos a quien Dios afirma que le pertenecen y los que moran en Cristo. Las Escrituras nos recuerdan que una de las especialidades de Dios es redimir todas las cosas, incluso si hay intención de maldad. José les dijo a sus celosos hermanos: "Vosotros pensasteis mal contra mí, mas Dios lo encaminó a bien, para hacer lo que vemos hoy, para mantener en vida a mucho pueblo" (Génesis 50.20). Nuevamente, Pablo nos recuerda: "Y sabemos que a los que aman a Dios, todas las cosas les ayudan a bien, esto es, a los que conforme a su propósito son llamados" (Romanos 8.28). José no dijo que Dios hubiera sido el causante de que sus hermanos lo vendieran como esclavo egipcio; él dijo que Dios no dejaría que sus malas intenciones tuvieran la última palabra. Pablo no dijo que Dios fuera el causante de que cosas malas le sucedieran a su pueblo; más bien, dijo que Dios era fiel para obrar en todo, tanto en lo bueno como en lo malo, para tomar aquello que tenía el objetivo de destruir y arruinar para convertirlo en algo santo y sanador. Estos pasajes de las Escrituras explican por qué aquellos que están en Cristo que enfrentan el mayor sufrimiento son también los que experimentan la mayor paz. Algo pasa en la vida de un discípulo de Jesús plenamente consagrado quien, a lo largo de su caminar en la gracia, atraviesa circunstancias difíciles y situaciones exigentes. Ellos han podido experimentar la gracia suficiente de Dios en su debilidad para sostenerlos y proporcionarles lo que necesitan en sus mayores luchas.

La fuerza que se perfecciona en la debilidad

El apóstol Pablo habló sobre la gracia suficiente en el contexto de su segunda carta a la iglesia del primer siglo en Corinto. Según Pablo, catorce años antes de escribir su carta a los corintios, recibió una visión de Dios en la que "fue arrebatado hasta el tercer cielo" (2 Corintios 12.2). La mayoría de los eruditos bíblicos no creen que Pablo estuviera sugiriendo la existencia de múltiples niveles del cielo, sino que estaba describiendo una revelación más allá de la capacidad humana común de ver las cosas, pero que él fue capaz, por inspiración del Espíritu, de percibir algo más allá del ámbito físico. Su objetivo era decirles a ellos y a nosotros que había encontrado poderosamente la presencia de Dios, había visto al Cristo resucitado y nunca volvería a ser el mismo; había cambiado su vida[2].

Una experiencia tan eufórica podría causar orgullo y jactancia espiritual. Consciente de ese peligro latente, y para evitar tropezar con el envanecimiento impío, Pablo agrega que recibió un "aguijón en la carne" (12.7). Ni el origen ni los detalles del aguijón están del todo claros. No sabemos si el problema era físico, emocional o relacional.[3] Lo que está claro es que se convirtió en una carga tan pesada para Pablo que se refirió a él como "un mensajero de Satanás para

---

2. Douglas Ward, "The 'Third Heaven,'" *The Voice: Biblical and Theological Resources for Growing Christians*, 2018, https://www.crivoice.org/thirdheaven.html. Muchos estudiosos sostienen que la visión que Pablo describe en 2 Corintios es una referencia a su encuentro en el Camino a Damasco con el Cristo resucitado.

3. Algunos han especulado que el aguijón en la carne de Pablo era algo físico: una condición de la piel, un problema de visión aguda o epilepsia. Otros han sugerido que el aguijón era el recuerdo de su pasado como perseguidor de la iglesia y las dificultades relacionales que pudieron haber surgido con los judíos cristianos.

atormentarme" y recordarle su fragilidad (12.7). Le rogó a Dios que se
lo quitara, que eliminara su deficiencia, y así, al parecer, lo convertiría
en un líder más fuerte y mejor para la iglesia. Antes de seguir explo-
rando el aguijón, recordemos que Pablo era un hombre fuerte. No era
un debilucho espiritual. En otro lugar, Pablo describe en detalle sus
sufrimientos como apóstol:

> En trabajos más abundante; en azotes sin número; en cárceles
> más; en peligros de muerte muchas veces. De los judíos cinco
> veces he recibido cuarenta azotes menos uno. Tres veces he sido
> azotado con varas; una vez apedreado; tres veces he padecido
> naufragio; una noche y un día he estado como náufrago en alta
> mar; en caminos muchas veces; en peligros de ríos, peligros de
> ladrones, peligros de los de mi nación, peligros de los gentiles,
> peligros en la ciudad, peligros en el desierto, peligros en el mar,
> peligros entre falsos hermanos; en trabajo y fatiga, en muchos
> desvelos, en hambre y sed, en muchos ayunos, en frío y en des-
> nudez" (2 corintios 11.23-27)[4].

¡Sin mencionar la presión y la ansiedad continuas de lidiar con iglesias problemáticas y sus miembros insoportables!

Lea nuevamente la lista de las pruebas por las que pasó Pablo.
Soportó todo eso y sin duda más (me vienen a la mente las morde-
duras de serpientes). ¿Ya se convenció de que Pablo no era ni una
flor delicada ni un llorón quejumbroso? Esto nos lleva a asumir que
cualquiera que fuera el aguijón, no era algo insignificante para Pablo.
No menos de tres veces, divulga Pablo, le pidió a Dios que le quitara
la espina (una forma bíblica de decir: "seguí pidiendo"). Pablo nos está
dando a conocer su gran angustia. Llevaba una carga que lo oprimía y
sentía que se tambaleaba a causa de ese peso, ante sus ojos no era algo
pequeño así que oró por su sanidad. El Señor respondió a su oración,

---

4. Peterson, *The Message*, 2 Corintios 11.23-27.
N.T. En español se usó la versión RVR 1960.

pero no de la manera que esperaba. No, Pablo, vas a quedarte con el aguijón, pero ten en cuenta esto: "Bástate mi gracia; porque mi poder se perfecciona en la debilidad" (2 Corintios 12.9). Eres más fuerte en tus momentos más débiles cuando estoy contigo que en tus momentos más fuertes sin mí. Mi fuerza se perfecciona en tu debilidad.

En sus brazos divinos

La gracia suficiente es la manera en que el Señor nos dice: "Cuando llegues al final de tu fuerza humana, te daré mi fuerza sobrenatural. Cuando se agote tu energía, mi energía se hará viva en ti. Cuando no puedas ir más lejos, te recogeré y te llevaré cargado. Descansa en mis brazos un rato".

Hay una parábola poética moderna y bien conocida llamada "Huellas en la arena".

Una noche un hombre tuvo un sueño. Él soñaba que recorría la playa con el Señor. Por el cielo veía pasar escenas de su vida. En cada escena, veía dos pares de huellas en la arena, un par le pertenecía a él y el otro al Señor.

Cuando la última escena de su vida apareció ante él, volteó a ver las huellas en la arena. Notó que muchas veces a lo largo del camino de su vida solo había un par de huellas. También notó que eso sucedió en los momentos más bajos y más tristes de su vida, lo que lo incomodó y lo llevó a cuestionar al Señor. "Señor, dijiste que una vez que decidiera seguirte, caminarías conmigo todo el camino. Sin embargo, he notado que durante los momentos más difíciles de mi vida solo había un par de huellas. No entiendo por qué, cuando más te necesitaba, me dejaste".

El Señor respondió: "Mi hijo, tierno y precioso, te amo y nunca te dejaría. Durante tus momentos de prueba y sufrimiento, cuando ves solo un par de huellas, fueron esos momentos en los que te llevaba cargado".

Si uno pudiera imaginar la forma corporal de la gracia que nos busca, tendría la forma del pastor que busca, del padre que espera, del beso que despierta. Si la gracia salvadora fuera una imagen, parecería un abrazo, una adopción, una reconciliación. Si la gracia suficiente fuera una imagen, se parecería a la imagen de alguien que es llevado en los brazos divinos.

"Huellas en la arena" es más que una parábola: es una historia de la vida real que he escuchado una y otra vez. En mis años como pastor, conocí a personas en mis congregaciones que pasaban por un sufrimiento agudo y un dolor muy agonizante. Para algunos su situación era tan severa que me preguntaba cómo tenían la fuerza para levantarse de la cama cada mañana; gente que estaba al borde de la ruina y para usar la frase de Eugene Peterson, "podía sentir su desesperación en mis huesos".

Entonces les oía decir: "Pastor, no puedo explicarlo. Eso no tiene sentido. Sé que todo esto debería tenerme devastado, pero siento" (y usaban exactamente las siguientes palabras) "como si me llevaran cargado. Estoy profundamente entristecido por esta pérdida, esta enfermedad, esta muerte, esta traición, y debería estar desmoronando, pero hay una paz en mi mente y un reposo en mi espíritu que es inexplicable. La única forma en que puedo describirlo es que es como si estuviera siendo cargado gentilmente en los brazos eternos". Un par de huellas: la gracia suficiente.

Si hay algo que he descubierto en lo que respecta al sufrimiento, es que la gracia suficiente sigue siendo una realidad intelectual hasta que realmente la llegamos a necesitar. Uno puede saber algo en la cabeza y nunca sentirlo en el corazón. Experimentar verdaderamente el ser sostenidos y cargados va más allá de cualquier concepto y solo podemos vivirlos en carne propia. Así es la gracia suficiente. Hace poco estaba hablando con un amigo que me dijo: "No sé qué haría si perdiera a uno de mis hijos. No tendría fuerzas para seguir adelante".

Le respondí: "Tienes razón. Ahora mismo no tienes fuerzas porque no te ha tocado llegar allí. Espero que nunca te toque, pero si llegara a suceder, habría suficiente gracia".

Justo la gracia suficiente

La gracia suficiente es lo que usted necesita para este día, El regalo diario de "lo suficiente". Es como el maná en el desierto. El pueblo de Dios andaba en su viaje por el desierto. Había muy poca comida y, a menos que Dios proveyera, iban a morir de hambre, así que Dios les dio un regalo. Él hacía llover pan del cielo. Todas las mañanas, cuando la gente se despertaba, lo encontraban en el suelo afuera de sus tiendas, fresco para ese día. No se esforzaban por conseguirlo, ni trabajaban para ganárselo ni tenían que pagar por ello. Aparecía allí como un regalo de la mano de Dios. Todo lo que tenían que hacer era recogerlo y prepararlo. La única estipulación era que no podían almacenarlo. No podían meter galletitas en una lata y guardárlas para una emergencia. No podían esconder el maná debajo de sus colchones por si acaso Dios no llegaba al día siguiente; si lo hacían se descomponía. Se llenaba de gusanos y solo era bueno para desecharse. Solo tenían que creer que Dios les proporcionaría todo lo que necesitaban para ese día, y confiar en que Dios haría lo mismo de nuevo el siguiente día. Su misericordia es nueva cada mañana.

Así es la gracia suficiente. No se puede guardar para mañana. Es suficiente para hoy. Dios nos da todo lo que necesitamos hoy, justamente lo exacto. Mañana también será suficiente. Es la gracia de "lo que sea que necesites, Yo soy" que nos carga cuando ya no podemos avanzar. No es de extrañar que Pablo declarara con confianza: "Por tanto, de buena gana me gloriaré más bien en mis debilidades, para que repose sobre mí el poder de Cristo. Por lo cual, por amor a Cristo me gozo en las debilidades, en afrentas, en necesidades, en persecuciones, en angustias; porque cuando soy débil, entonces soy fuerte"(2 Corintios 12.9-10).

La gracia que se aferra

Hace algunos años, un pastor en Pensilvania se encontró con un hombre después de la iglesia y notó que traía un broche de un perro bulldog en la solapa de su traje. Sin saber que el hombre trabajaba para una empresa de camiones cuyo logotipo comercial era un bulldog, le preguntó ingenuamente: "¿Qué simboliza ese bulldog?".

Con un brillo en los ojos, el hombre le respondió de forma juguetona: "Bueno, pastor, el bulldog simboliza la tenacidad con la que me aferro a Jesucristo".

El pastor respondió: "Es un símbolo maravilloso, pero mala teología". Sorprendido, el hombre preguntó: "¿Qué quiere decir?".

"Nunca debería representar la tenacidad con la que te aferras a Jesucristo", observó el pastor. "Debe representar la tenacidad con la que Jesucristo se aferra a ti".

La fe en tiempos difíciles no es una cuestión de cuán fuertes seamos o cuánta fe tengamos. La fe en los momentos más oscuros es realmente una cuestión de cuán fuerte es Dios. No importa lo que encontremos en nuestro recorrido, la gracia de Dios es suficiente para sostenernos y su amor es lo suficientemente fuerte para ayudarnos a superarlo. Recordemos que el "no importa lo qué sea" de la vida significa que Jesucristo se aferra a nosotros con la tenacidad de un bulldog y nunca nos dejará ir.

Una mujer en una iglesia en la que yo estaba pastoreando de repente se puso muy enferma. Los médicos la enviaron a hacerse una gama de pruebas para determinar la causa de la enfermedad. Descubrieron que tenía una enfermedad poco común que hacía que su cuerpo tuviera reacciones alérgicas graves a cualquier alimento que comiera. Se puso muy grave, incluso al borde de la muerte. Durante ese tiempo, su esposo fue enviado a Afganistán como parte de su servicio militar. Finalmente fue hospitalizada y se vio en la necesidad de que le hicieran un examen médico que temían que le causara una reacción alérgica tan violenta que podría sufrir un paro respiratorio temporal. Nadie aspira a sufrir una reacción tan violenta, especialmente cuando uno sabe que inevitablemente sucederá. Ella me dijo: "pastor, estaba muy asustada, incluso hasta el punto de entrar en pánico. Estaba acostada en la cama del hospital, llena de pena por lo que estaba a punto de soportar y me preguntaba por qué me estaba pasando todo esto. Para colmo, me molestó que mi esposo estuviera a miles de kilómetros de distancia. Tenía miedo y me sentía muy sola".

Llegó el momento de la prueba. Estaba aterrorizada: "Ahora sé lo que significa el término 'estar muerta de miedo'. Literalmente no podía moverme y me di cuenta que ni siquiera podía orar. Nunca había experimentado la incapacidad de orar. La única oración que pude hacer fue: 'Dios, por favor ayúdame'".

Se dirigió a la enfermera que iba a administrar la prueba y le preguntó: "¿Usted es cristiana?"

"Sí, lo soy", respondió la enfermera.

"¿Puede orar por mí?"

La enfermera respondió sin dudarlo: "Por supuesto", y procedió a hacer una simple oración pidiendo consuelo y sanidad.

Más tarde, mi amiga me dijo: "Mientras oraba, la paz más increíble se apoderó de mí. Fue casi como si Dios pusiera sus manos sobre mí y me levantara a su presencia" (sí, ella usó esa frase). "Sabía que Dios estaba conmigo, y de repente el miedo se disipó".

Le administraron la prueba, y para sorpresa de todos, no tuvo una reacción violenta. "Pastor, de repente sentí esta fuente de gozo que brotaba dentro de mí. Fue una alegría exuberante. ¡Si hubiera podido danzar por la habitación, lo habría hecho!"

En ese mismo momento, su enfermera se quitó el chaleco de radiación que había estado usando, y de alrededor de su cuello, colgaba una gran cruz.

Entonces, con lágrimas en los ojos por ese recuerdo vívido, mi amiga me dijo: "Fue entonces cuando me di cuenta de que Dios había estado conmigo todo el tiempo, simplemente no podía verlo. No podía sentir su presencia, pero él estaba allí. Él había estado allí todo el tiempo. Aunque mi esposo estaba en Afganistán, yo seguía siendo la esposa de Cristo. Jesús era mi esposo en ese momento, parado a mi lado, cargándome".

A lo largo del sendero en la gracia, la gracia suficiente de Dios se aferra a nosotros de diversas formas, pero una de las formas más importantes es a través del cuerpo de Cristo. No debería sorprendernos que, las veces que oramos para que Dios se revelara en medio de nuestro dolor, Él se manifestara en la forma de una tarjeta, o en la llamada telefónica de una persona en nuestra iglesia diciéndonos: "Te amo y estoy orando por ti, el Señor está contigo". A veces entramos en la comunión de la iglesia llevando lo que parecen ser cargas insoportables, y un hermano o hermana en Cristo nos rodea con sus brazos y dice: "Últimamente he estado pensando mucho en ti. Quiero que sepas que eres amado y que te llevo en mis oraciones". Y, milagro de milagros, la presencia encarnada de Jesús nos envuelve, casi como si en ese momento nos tomara con la tenacidad de un bulldog, llevándonos por los momentos más desafiantes de nuestra vida.

Cuando una de mis hijas era pequeña, le tenía miedo a la oscuridad. Mi esposa y yo la metíamos en la cama y le decíamos: "No tengas miedo. Jesús está aquí contigo".

Ella respondía: "Está bien, mami y papi. No estoy asustada. Sin embargo, no pasaba mucho tiempo antes de que escuchamos un golpe en la puerta de nuestra habitación. "mami, papi, sé que Jesús está conmigo, pero necesito a alguien que se parezca a ustedes".

Ella tenía razón. A veces necesitamos a alguien que se parezca a nosotros. Eso es el cuerpo de Cristo: la comunidad cristiana es Jesús vestido en piel humana. A través de la cálida presencia de las personas, llenas de su infinita compasión y amor perdurable, Dios nos abraza y sostiene.

Resistencia, carácter y esperanza

El dolor y el sufrimiento son cosas que normalmente queremos evitar. No está mal desear comodidad y salud. Sin embargo, también sabemos que podemos encontrar gozo, e incluso esperanza, en épocas dolorosas y angustiosas porque sabemos que la fuerza de Jesús se perfecciona en nuestra debilidad. En otra carta a los cristianos del primer siglo que vivían en Roma, Pablo dijo: "Nos gloriamos en las tribulaciones, sabiendo que la tribulación produce paciencia; y la paciencia, prueba; y la prueba, esperanza; y la esperanza no avergüenza; porque el amor de Dios ha sido derramado en nuestros corazones por el Espíritu Santo que nos fue dado" (Romanos 5.3-5). Una vez más, Pablo hace referencia a la virtud y la formación del carácter a la semejanza de Cristo.

Primero, el sufrimiento produce resistencia. Los problemas, la presión y las pruebas no son accidentes fortuitos del destino que no tienen relación con nuestra meta final *(telos)* de alcanzar la semejanza a Cristo. En el idioma original del Nuevo Testamento, "perseverancia" es la palabra *hypomone*, que significa permanecer firme pase lo que pase, permanecer firme incluso cuando las presiones de la vida se apoderan de nosotros. Las dificultades producen resistencia, y la resistencia es la cualidad que dice: "No voy a renunciar, pase lo que pase". Es similar a correr una larga distancia. Sus piernas se sienten pesadas, sus pulmones gritan por aire, su corazón se siente como si fuera a estallar dentro de su pecho y desea desesperadamente parar. Sin embargo, sabe que tiene que seguir corriendo porque, justo en ese momento en el que quiere detenerse, es cuando le está sacando mayor provecho al entrenamiento. Eso es *hypomone*: la resistencia bajo presión. Podemos regocijarnos en nuestros problemas y pruebas sabiendo que las presiones, e incluso los sufrimientos, de la vida producen resistencia y perseverancia.

En segundo lugar, la perseverancia produce carácter. La palabra griega *dokime* orignalmente se refería a un metal que había pasado por un proceso de refinamiento y cuyas impurezas habían sido removidas. Los problemas y las pruebas producen resistencia, y la resistencia produce fuerza de carácter. En todos los niveles de la sociedad, hoy se necesita desesperadamente el carácter. Richard John Neuhaus enfatiza ese concepto: "Que seamos seres nuevos en Cristo es puramente un regalo de Dios; la formación del carácter es la manifestación de ese don. Es un proceso minucioso para llevarnos a ser, aquello que en Cristo, ya somos. Requiere respeto por las vivencias cotidianas, los aspectos cotidianos, de la peregrinación cristiana"[5]. Neuhaus concluye rotundamente: "El carácter implica el valor y la gracia para vivir una buena vida en un mundo donde las necesidades pasan desapercibidas en gran manera"[6]. Uno no recibe la fortaleza de carácter a través de un representante vicario. La victoria sobre las pruebas que se nos presentan en situaciones de la vida real produce perseverancia, y la perseverancia, cuando se convierte en justicia, produce integridad y profundidad de carácter.

En tercer lugar, el carácter produce esperanza. La esperanza es la convicción acompañada de serenidad y seguridad de que Dios está con nosotros. La esperanza es la expectativa confiable de que, sin importar lo que depare el futuro, nuestro compañero en el sendero en la gracia es el que sostiene el futuro. El problema central de nuestra época no es demasiado estrés sino muy poca esperanza. De hecho, Thomas Langford lo dice bien: "La esperanza no es algo que se deba dejar al futuro; la esperanza reconfigura nuestra comprensión

---

5. Richard John Neuhaus, *Freedom for Ministry* (Grand Rapids: Eerdmans, 1979), 90.

6. Neuhaus, *Freedom for Ministry*, 88.

del pasado y determina la vida en el presente; ella nos transforma y le da sentido a nuestra vida"[7].

Una ilustración puede ayudar a clarificar.[8] Imagine una habitación llena de estudiantes del último año de secundaria. Se voltea a su compañero a su izquierda y le pregunta: "¿Cómo te va tu último año de secundaria?".

El alumno responde: "No me va muy bien. Reprobé varios cursos, y si repruebo uno más, no me graduaré. Tendré que repetir mi último año".

Usted le vuelve a preguntar: "¿Qué ves en tu futuro?".

"Bueno, espero graduarme en mayo, y luego intentaré ingresar a una universidad comunitaria en el otoño".

Luego se voltea en dirección de la estudiante a su derecha y le hace la misma pregunta. "¿Cómo te va en tu último año?"

"Bastante bien", dice.

"¿Estás pensando en ir a la universidad?"

"¡Por supuesto! Ya me han aceptado en la Universidad de Harvard. Todavía estoy esperando escuchar noticias de Princeton, Stanford y MIT, pero tengo esperanzas".

"Debes ser una muy buena estudiante. ¿Te importaría decirme en qué puesto de tu clase de secundaria te encuentras?

"De seiscientos estudiantes, ocupo el segundo puesto de mi clase, con un promedio de 4.3 de puntaje".

"¡Vaya! ¡Impresionante! ¿Te importaría decirme cómo te fue en tu prueba de aptitud académica?"

"780 en matemáticas y 760 en lenguaje para un total de 1540". (800 es el puntaje perfecto en cada categoría)".

"A ti te fue casi tan bien como a mí en tu prueba de aptitud académica", usted agrega con ironía. "¿Qué ves en tu futuro?"

---

7. Langford, *Reflections on Grace*, 107.
8. Escuché esta ilustración en un sermón predicado por el reverendo Dr. Thomas Tewell en la década de 1990 llamado "La tenacidad de un Bulldog".

"Bueno, espero graduarme en mayo y luego ir a una de esas universidades para convertirme en científica e investigadora".

En su mente usted piensa, ¿"esperas graduarte"? ¡Esta joven ya lo consiguió! Sin duda alguna.

¿Nota la diferencia? El primer estudiante tenía esperanzas más allá de toda esperanza; la segunda estudiante esperaba con cierta confianza lo que iba a suceder. La esperanza de este tipo no se aplaza al futuro. Ella reestructura la comprensión del pasado y determina la vida en el presente. Somos transformados en y por una esperanza como esta. La gente a veces dice: "Espero que Dios me ame. Espero que Dios no me dé la espalda. Espero que Dios no me abandone cuando mi espalda esté contra la pared. Espero que Dios me sostenga y me fortalezca en mis horas más oscuras". La esperanza cristiana se basa en el amor pasado, presente y futuro de la cruz de Jesucristo y el poder vivificante de su resurrección. Esta esperanza no nos defrauda (Romanos 5.5). Estamos sostenidos en la mano poderosa de la gracia suficiente de Dios. Nos sujeta con la tenacidad de un bulldog.

En tus manos encomiendo mi espíritu

No por casualidad, escribí este capítulo durante la pandemia de COVID-19, una época de gran incertidumbre y profundo sufrimiento. El Sábado Santo, el día antes del Día de Resurrección, está destinado a ser un momento para reflexionar tranquilamente sobre la muerte de Jesús y recordar su tiempo en la oscuridad de una tumba. Uno de los textos del Leccionario de este día, el Salmo 31, contenía las palabras que Jesús pronunció desde la cruz antes de morir: "Padre, en tus manos encomiendo mi espíritu" (Lucas 23.46). Jesús citó directamente el Salmo 31.5, agregando solo la palabra Abba ("Padre") a su oración.

De las muchas cosas que se pueden aprender de esta oración de Jesús, la que me resalta en el desierto de COVID-19 es que hay una gran diferencia entre una vida que se toma y una vida que se da. Jesús dejó en claro en el Evangelio de Juan: "Nadie me quita la vida, sino que yo de mí mismo la pongo" (10.18). Él dio su vida libre y voluntariamente. La muerte de Jesús en la cruz no fue un final trágico de una vida prometedora o la decepción de una misión fallida. Fue el diseño divino desde el principio. La cruz fue el plan cósmico de Dios para rescatarnos del control de la oscuridad y la muerte de los principados y poderes. Por lo tanto, el sacrificio de Jesús no fue impuesto sino que lo aceptó voluntariamente por nosotros. Sabía que estaba en las manos de Dios, por lo que podía decir: "Yo pongo mi vida para volverla a tomar" (10.17).

Esto debería movernos a tomar una pausa para preguntarnos, ¿Estoy entregando mi vida o me la están quitando? Existe una gran diferencia entre las dos, principalmente en el tema de la confianza. "Padre, en tus manos encomiendo mi Espíritu" significa que confiamos en que estamos entregando nuestra vida por algo más grande y más hermoso de lo que podríamos lograr sin nuestro Padre celestial. Cuando Jesús hace esa oración en el momento más difícil de su vida, nos dice que ya había hecho esta oración durante mucho tiempo, incluidas las oraciones agonizantes que hizo en el jardín de Getsemaní. "En tus manos" es una oración de entrega total porque, en el fondo, es una declaración de que nos estamos apartando de las manos de otras personas y circunstancias, incluidos nuestros propios planes y propósitos, y poniendo voluntariamente nuestras vidas en las manos de Dios. En un sentido poderoso, redefine y reinventa las experiencias de nuestras vidas, ya sea permitiendo que nos sucedan cosas o poniéndonos al cuidado de Dios para ordenar nuestros pasos. Una cosa es que nos quiten algo, otra es entregarlo. Puede ser una pérdida o una rendición.

Jesús nos presenta el impactante poder del sacrificio. Nos muestra que, rindiéndonos a Dios, podemos convertir algo que parece una pérdida para todo el mundo en algo que es una ganancia para todo el mundo. Cuando Frederick Buechner dice: "Sacrificar algo es santificarlo dándolo por amor", quiere decir que incluso si alguien está tratando de quitárnoslo de las manos, incluso cuando parece que está fuera de nuestro control, todavía podemos decidir cómo lo dejaremos ir.[9] Todavía podemos abrir nuestras manos en el último momento y entregar lo que otros pensaron que nos estaban quitando y las circunstancias que parecían que nos estaban robando. Podemos santificarlo haciéndolo por amor, entregándolo a Dios.

En la experiencia surrealista de la pandemia de COVID-19, a medida que los días se convertían en semanas, era fácil sentir como si nos hubieran quitado algo. Nos sentíamos asustados, enojados, inseguros y fuera de nuestras zonas de comodidad. Teníamos que tomar una decisión. Podríamos jugar a la víctima y decir: "Me están quitando algo", o podríamos entregarlo a Dios y decir: "Padre, en tus manos encomiendo mi espíritu. Nos entregamos a tus planes y propósitos. Nuestras vidas no nos pertenecen y las rendimos porque te pertenecemos; las entregamos por amor para que tú puedas santificarlas". Eso requiere algo de confianza de nuestra parte, pero la recompensa es la paz absoluta de saber que nuestras vidas han glorificado a Dios, que nuestras vidas no son accidentes aleatorios ni ningún fracaso, sino que nuestros días están en sus manos. De hecho, incluso en nuestro sufrimiento, estamos en sus brazos. Ni siquiera una pandemia mundial llega a dictar el propósito y el significado de nuestras vidas. Nadie nos quita la vida, nosotros la entregamos. Ésta es la realidad de nuestra esperanza.

La gracia del lamento

La gracia suficiente no elimina todos nuestros miedos y dudas. No hay forma de evitarlo: incluso en la esperanza hay espacio para preguntas. Es posible tener fe incluso cuando hay más preguntas que respuestas. Es posible llorar y mantener la esperanza al mismo

---

9. Frederick Buechner, *Wishful Thinking: A Seeker's ABC* (New York: HarperOne, 1973), 10.

tiempo. No solo es posible, también es bíblico. Lo llamamos lamento. De los 150 salmos en el libro de oraciones que llamamos Salterio, hay diferentes variedades de salmos, incluyendo acción de gracias, real, ascenso, lamento e incluso imprecatorio (oraciones que elevamos cuando estamos enojados). Los salmos nos ofrecen ejemplos, como la Palabra inspirada de Dios, de cómo orar en cualquier situación de la vida.

Los salmos de acción de gracias *hallel* (de donde obtenemos nuestra palabra "aleluya") son las oraciones de alabanza que ofrecemos cuando la vida está bien ordenada y la dulce presencia de Dios se siente muy de cerca. Los salmos de lamento, por otro lado, son las oraciones de clamor a Dios en medio de nuestro dolor, cuando la vida es dura e inestable, sin un final a la vista. Las dos preguntas principales que se plantean en el lamento son: "¿Por qué está sucediendo esto?" y "¿Cuánto tiempo durará esto?". Dios no solo permite este tipo de preguntas, sino que también es interesante notar que el 70 por ciento de los salmos bíblicos son oraciones de dolor, no oraciones de alabanza; lamento, no *hallel*. Jesús mismo oró un lamento (Salmo 22) durante su sufrimiento en la cruz.

El sello distintivo del lamento no es la duda, sino una confianza profundamente arraigada en la fidelidad de Dios. Si bien el lamento puede comenzar como un grito de desesperación, su característica más importante es la profunda confianza en la naturaleza, el carácter y el poder de Dios, que está presente, obrando y está atento a la oscuridad, la debilidad y el sufrimiento de la vida. El lamento es una dependencia total y un abandono total a un Dios que puede parecer distante pero nunca está ausente.

Tengo un amigo que fue diagnosticado con una forma rara de cáncer. Debido a la rareza de la enfermedad, sus médicos están probando varias formas de terapia, muchas de las cuales son experimentales. Lamentablemente, a pesar de la mejor atención y la ciencia disponibles, el cáncer ha continuado propagándose por su cuerpo. Un día, después de otro resultado poco alentador, su esposa publicó este testimonio en Facebook: "Mientras las opciones de tratamiento médico están disminuyendo, la realidad de la presencia de Dios está aumentando". No conozco una expresión más hermosa de lamento y esperanza en la gracia suficiente de Dios.

Somos más fuertes en nuestros momentos más débiles cuando el Señor está con nosotros que en nuestros momentos más fuertes sin él. Esta es nuestra garantía mientras nos movemos en el sendero en la gracia: su fuerza se perfecciona en nuestra debilidad. Esta es una esperanza que no nos defrauda. Dejaremos que Pedro tenga la última palabra sobre la gracia suficiente: "Mas el Dios de toda gracia, que nos llamó a su gloria eterna en Jesucristo, después que hayáis padecido un poco de tiempo, él mismo os perfeccione, afirme, fortalezca y establezca" (1 Pedro 5.11).

EPÍLOGO

¡JESUCRISTO ES SEÑOR!

Una vida totalmente dedicada a Dios es más valiosa para Él que cien vidas que simplemente han sido despertadas por su Espíritu. — Oswald Chambers

Mucho ha cambiado en los últimos cien años. Imagine haber nacido en 1920 y estar vivo en el año 2020. En solo un siglo, el contexto cultural en todas las regiones del mundo se ha movido de lo industrial a la información (de Gutenberg a Google), de lo rural a lo urbano y del pensamiento moderno al pensamiento posmoderno. Estos son cambios culturales tectónicos que se mantuvieron sin cambios durante los previos quinientos años. Todos los cambios que habían sucedido de forma continua (aquellos desarrollos que partían de lo que había sucedido antes y, por lo tanto, podían esperarse, anticiparse y gestionarse) durante medio milenio, rápidamente sufrieron un cambio acelerado y discontinuo que se caracterizó por ser disruptivo e imprevisto.[1] Nos encontramos, por así decirlo, en aguas desconocidas.

Estos cambios trascendentales han generado nuevas situaciones que desafían las presuposiciones antiguas sobre el funcionamiento del mundo. Como resultado, la eclesiología (la naturaleza y estructura de la iglesia) y la misiología (cómo la iglesia se involucra en la misión de Dios) por necesidad se han vuelto altamente adaptativas sin diluir su mensaje. Sin embargo, en aspectos importantes, lo que permanece constante en este tiempo de cambio acelerado y discontinuo es el

---

1. Alan J. Roxburgh, *The Missional Leader: Equipping Your Church to Reach a Changing World* (San Francisco: Josey Bass, 2006), 7.

principio eterno de que Jesús es el Camino, la Verdad y la Vida, o, en palabras de la primera confesión cristiana: "Jesucristo es el Señor".

En el sendero en la gracia es esencial saber a quién reconocemos como "Señor". Si decimos, "[LLENE EL ESPACIO EN BLANCO] es el 'señor' " (realmente no importa si es otra persona, otra cosa o uno mismo), toda la narrativa cambia, incluyendo el objetivo último y el resultado final. Pero si realmente creemos que Jesucristo es el Señor desde la eternidad hasta la eternidad, solo hay una respuesta legítima: el discipulado. Richard John Neuhaus nos recuerda que el señorío no es "solo la afirmación de un hecho, sino una promesa de lealtad personal y comunitaria"[2]. Porque Jesucristo es el Señor, queremos ser como él. Queremos hacer lo que hizo Jesús y vivir como él vivió. Esa es la definición del discipulado cristiano y continúa siendo la forma en que Jesús llega a su iglesia.

Dallas Willard presenta el convincente argumento de que el Nuevo Testamento es una colección de libros sobre discípulos, escritos por discípulos, para discípulos de Jesucristo.[3] Por lo tanto, la meta del discipulado no es la autorrealización ("Necesito encontrar mi verdadero yo y lo que más me beneficie") ni tampoco que nos rindamos ante las fuerzas del determinismo ("No puedo evitarlo; así soy yo"). De hecho, desde la perspectiva del cristianismo, ser fiel a uno mismo es ser fiel a aquello a lo que Dios el Padre nos ha llamado a ser, renovados a la semejanza de su Hijo. Seguir a Jesús y llegar a ser como él es el objetivo fundamental del sendero en la gracia. Juan, el escritor del evangelio, hace todo lo posible para decirnos que Jesús se parece y actúa como su Padre: "Si me habéis visto, habéis visto al Padre" (14.9), y que Jesús es el Verbo hecho carne y, habiendo venido de su

---

2. Neuhaus, *Freedom for Ministry*, 98.

3. Willard, *The Great Omission*, 3. Willard reitera que la palabra "discípulo" aparece 269 veces en el Nuevo Testamento, mientras que "cristiano" se encuentra tres veces y se introduce para referirse precisamente a los discípulos de Jesús en Antioquía (ver Hechos 11.26).

Padre, está lleno de gracia y de verdad (1.14). Quién es Jesús y qué hace Jesús son las dos caras de la misma moneda, una realidad que plantea puntos importantes para la naturaleza de nuestro discipulado. Contrariamente al pensamiento popular, Dios no es un anciano sentimental con una larga barba blanca que agita su mano con desdén y dice: "No importa lo que hagan los niños; solo quiero que se diviertan y que la pasen bien". Dios tampoco es el Padre iracundo, severo y enojado que está a la expectativa de que sus hijos se equivoquen para mostrarles su enojo y castigarlos. La primera es la gracia sin la verdad: una suave indulgencia sin el fuego de la santidad, que conduce a una permisividad sin rendición de cuentas. La segunda es la verdad sin gracia: una religiosidad despiadada que conduce al legalismo rígido con poco amor. Sin duda, no es fácil mantener el equilibrio entre la gracia y la verdad, pero las dos deben mantenerse en tensión a favor de la necesidad e integridad del amor santo.

Fundamentalmente, el hecho de que tantas personas en nuestras iglesias sean cristianas de nombre pero no discípulos de Jesucristo, quien es el Señor, es el gran problema de la iglesia en nuestro tiempo. El que el discipulado consagrado (es decir, una vida de aprendizaje sobre cómo vivir en el reino de Dios a la manera en que Jesús lo hizo) se haya vuelto opcional excepto para los más radicales entre nosotros, es desastroso. No solo porque perpetúa la idea de que Jesús puede ser su Salvador sin ser su Señor; pero aún más importante, porque da por sentado que recibimos la gracia para ser aceptados tal como somos, sin que tenga la más mínima influencia en quiénes podemos llegar a ser.

La observación de C. S. Lewis de que "el cristiano no cree que Dios nos ame porque seamos buenos, sino que Dios nos hace buenos porque nos ama" es simplemente otra forma de decir que Dios nos ama tal como somos, pero nos ama demasiado para dejarnos así. El amor de Dios es amor santo, así que la clase de personas en las que nos convertimos es importante para Dios. El amor santo reboza de gracia y verdad; el amor santo disipa la gracia barata. El amor santo, es pues, la condición y a la vez el medio del discipulado. El amor santo requiere que tomemos nuestra cruz y sigamos a Jesús.

Si tomar nuestra cruz parece un mensaje difícil en nuestro tiempo, considere la alternativa: una existencia anémica e insípida devota para uno mismo: religión sin relación. No puedo dejar de pensar en los comentarios de Dallas Willard sobre el costo de la falta de discipulado:

El costo de la falta de discipulado es mucho mayor… que el precio que pagamos por caminar con Jesús. …El costo de la falta de discipulado es la ausencia de paz duradera, de una vida saturada de amor, de una fe que ve todo a la luz del gobierno supremo de Dios para el bien, de la esperanza que se mantiene firme en las circunstancias más apabullantes y del poder para hacer lo correcto y resistir las fuerzas del mal. En resumen, el costo de la falta de discipulado es exactamente esa vida abundante que Jesús dijo que vino a traer (Juan 10.10). El yugo de Cristo en forma de cruz es, después de todo, un instrumento de liberación y poder para quienes lo llevan en comunión con Él y aprenden la mansedumbre y la humildad de corazón que trae paz al alma[4].

El discipulado es el sendero en la gracia que comienza y termina con Jesús, quien es el Camino, la Verdad y la Vida. La meta del discipulado es seguir a Jesús mientras nosotros, por gracia, nos volvemos más y más como él. Nuestro caminar en este sendero comienza y es sustentado por la gracia, pero se hace realidad cuando cooperamos libremente con Jesús como Señor.

Los cristianos nacen; los discípulos se hacen. La semejanza a Cristo es nuestro destino.

---

4. Dallas Willard, *The Great Omission*, 8.

www.ingramcontent.com/pod-product-compliance
Lightning Source LLC
Chambersburg PA
CBHW031533040426
42445CB00010B/519